La Cuisine des Sorciers

REMERCIEMENTS

Parce que ce livre ne serait pas ce qu'il est sans eux,
je tiens à remercier tout particulièrement :

toutes celles et ceux qui, par leur professionnalisme,
leur talent et leur créativité, ont donné vie à ces pages ;
Didier, qui le premier a cru en ce livre, et Corinne ;
Marjorie, pour ses bonnes idées au bon moment ;
Pierre et Alexia pour leurs photographies et leurs mises en scène ;
Moshi Moshi Studio pour la création graphique ;
l'équipe du Relais Bernard Loiseau pour sa disponibilité et sa très grande gentillesse ;
l'équipe de la section jeunesse de la Bibliothèque Municipale de Bayeux ;
Laurence, pour son enthousiasme infaillible ;
Liguori pour son aide sur Dr. Strange et Warcraft ;
Lina, Naël et Elian pour leurs commentaires spontanés et leur bonne humeur contagieuse ;
Yannick et Yannaëlle dont l'amitié m'épaule depuis... déjà ? ;
C., P., Ch., E. et O., merci d'être vous, merci d'être là ;
Cyril et Emily pour leur amour, leur humour... et leur patience.
Et surtout, vous, Amis Lecteurs, sans qui rien ne serait possible.

AURÉLIA BEAUPOMMIER

La Cuisine des Sorciers

Photographies : Pierre Chivoret
Stylisme : Alexia Janny-Chivoret

SOLAR
EDITIONS

AVANT-PROPOS

Ce livre est né au détour d'une conversation entre amis. L'un d'entre nous, en croquant dans un petit gâteau, fit remarquer qu'il était digne de ceux de Mary Poppins. Un autre déclara que Gandalf préférait un savourer un petit remontant, et un troisième releva que la Sorcière Blanche de Narnia excellait dans la confection de loukoums ensorcelants.
Cet échange piqua ma curiosité et l'idée commença à me trotter dans la tête : lorsque les sorciers ne sont pas occupés à lancer des sorts, à sauver le monde ou à fomenter de sombres machinations, qu'aiment-ils manger ?

L'enquête commençait et se révéla passionnante.
Ne reculant devant aucune pile de grimoires – plus ou moins poussiéreux –, parcourant des kilomètres de rayonnages, et visionnant quantité d'heures de films et de séries, nombre de djinns, magiciens, fées et sorciers de tous poils et plumes m'ont laissée approcher leurs petites douceurs et grands festins, et m'ont confié les secrets de leurs grimoires. Et, si certaines recettes ont été inspirées par les différents univers, la grande majorité est tirée directement de leurs aventures.
Depuis la Babylone de Bartiméus il y a 3000 ans jusqu'à Circé la magicienne interstellaire d'*Ulysse 31*, de l'incontournable Harry Potter au noctambule Puck du *Songe d'une nuit d'été*, des sorciers des villes (Louis Denizart Hippolyte Griffont et Isabel de Saint-Gil) à ceux des champs (Willow Ufgood), des contes traditionnels (La Reine des Neiges, Blanche-Neige) aux supers-héros d'aujourd'hui (Dr Strange), sans oublier les magiciens numérisés (World of Warcraft) et les habitués des petits et grands écrans, je vous invite à découvrir les bons petits plats de tous ces êtres de magie.

Pour plus de facilité, ce livre a été découpé en quatre grands chapitres.
Le premier aborde la cuisine de tous les jours, celle que l'on sert sans façons à ses amis et à sa famille, facile à improviser avec le contenu habituel d'un placard de sorcier moderne. Le second met les petits plats dans les grands et permet de réaliser des festins pour sorciers de tous âges. Le troisième chapitre fait la part belle aux douceurs sucrées et aux petits plaisirs, car magie et gourmandise sont indissociables depuis la nuit des temps. Enfin, la dernière partie est consacrée à l'art des potions, aides précieuses aux fonctions multiples dont les sorcier(e)s font grand usage.

À votre tour maintenant de déguster ce livre, et les merveilleuses histoires dont il est né, en croquant dedans à pleines dents ! Saisissez-vous de votre baguette, préparez vos plus beaux chaudrons, et surtout, n'oubliez pas :
« Si vous vous ne croyez pas en la magie, vous ne la trouverez pas. » (Roald Dahl)

Aurélia Beaupommier

« LIVRE ! OUVRE-TOI… »

À LA TABLE DES SORCIERS

MON WHO'S WHO DES SORCIERS

ALADDIN

Aladdin, jeune garçon des quartiers pauvres, héros des contes des 1001 nuits, rencontre un puissant sorcier nommé Jafar. Celui-ci lui demande d'aller chercher une modeste lampe dans une grotte mystérieuse, que lui-même ne peut atteindre. Aladdin se méfie et refuse de donner la lampe à Jafar avant qu'il ne l'ait fait sortir de la Caverne aux Merveilles. Furieux, le sorcier enferme Aladdin dans la grotte. C'est ainsi que privé de lumière, Aladdin frotte la lampe et découvre qu'elle héberge un génie capable d'exaucer ses vœux les plus fous grâce à ses pouvoirs extraordinaires. Mais Jafar veut récupérer la lampe et ne recule devant rien pour utiliser les pouvoirs du génie à son profit…

ASTÉRIX & OBÉLIX

Panoramix est le druide du petit village gaulois d'Astérix mis en bulles par Goscinny et Uderzo. Vous savez, le fameux village qui résiste encore et toujours à l'envahisseur romain ? Vêtu d'une vénérable tunique blanche assortie à sa non moins vénérable barbe, de sandales et d'une cape rouge, aussi sage que savant, on ne saurait partir à l'aventure avant de l'avoir consulté. C'est lui qui prépare la très célèbre potion magique – dont le secret ne se transmet que de bouche de druide à oreille de druide ! - qui confère une force surhumaine à ceux qui la boivent, permet aux habitants du village de lutter contre leur ennemis, et à Astérix et Obélix de venir à bout de bien des situations périlleuses.

LES ANIMAUX FANTASTIQUES

Sorcier issu de l'univers de J.K.Rowling, Norbert Dragonneau est un spécialiste des animaux fantastiques, lui aussi ancien élève de l'école de magie de Poudlard. Voyageant par monts et par vaux au début du XXe siècle afin de créer un bestiaire répertoriant les créatures magique, leurs habitats ainsi que leurs mœurs, il fait une halte à New-York lorsque plusieurs animaux s'échappent, risquant de provoquer la fin de la communauté des sorciers.

LA BELLE & LA BÊTE

Transformé en une créature bestiale pour le punir de son égoïsme, le prince s'était replié dans son palais jusqu'au jour où un pauvre marchand égaré demanda l'hospitalité. Au matin, il voulut ramener du palais une rose à sa fille Belle, provoquant l'ire de la Bête, qui exigea, en châtiment du vol de son père, que Belle vienne vivre au château.

Au fur et à mesure de leur cohabitation dans l'étrange demeure peuplée de serviteurs invisibles et où les mets apparaissent et disparaissent comme par magie, la Belle et la Bête vont apprendre à se connaître et à s'aimer, brisant ainsi le sortilège. Ce conte dont la version la plus ancienne remonte au IIe siècle, a été porté à l'écran par Jean Cocteau en 1946, entre autres.

LA BELLE AU BOIS DORMANT

Offensée de n'avoir pas été conviée au baptême de la fille du Roi Stéphane, Maléfique, aussi connue, dans le conte de Charles Perrault, sous le nom de Fée Carabosse, condamne la Princesse Aurore à se piquer le doigt à la pointe d'un fuseau le jour de ses seize ans, sombrant ainsi dans un sommeil éternel qui ne pourra être brisé que par un baiser d'amour sincère.
Entourant le château de ronces impénétrables, elle veille jalousement sur la princesse, n'hésitant pas à prendre si nécessaire sa forme de dragon pour combattre ceux qui voudraient la lui ravir.

BLANCHE-NEIGE & LES SEPT NAINS

Obsédée par sa beauté et terriblement jalouse de Blanche-Neige, la Reine-Sorcière décide de la supprimer en la faisant tuer par un chasseur. Blanche-Neige trouve alors refuge dans la forêt, poussant la Reine à changer de stratégie.
Aidée de son miroir magique, elle se métamorphose en une femme laide et âgée, retrouve Blanche-Neige et lui propose l'une de ses pommes empoisonnées.
Ce conte, collecté par les frères Grimm et publié pour la première fois en 1812, serait inspiré d'un mythe germanique.

CHAIR DE POULE

Lire les « Chair de poule » de R. L. Stine, c'est pénétrer dans des univers ensorcelés peuplés de créatures terrifiantes (fantômes, loups-garous...) tapies dans les endroits les plus inattendus (miroir, horloge...) ou au contraire juste à coté de chez vous (musée, fête forraine...). Parmi eux, le pantin maléfique « Slappy M. Méchant Garçon ». Sculpté dans le bois maudit du cercueil d'un sorcier, il ne prend vie que lorsque quelqu'un lit la mystérieuse phrase inscrite sur un bout de papier situé dans la poche de son costume.
Il n'a alors de cesse que de vouloir réduire en esclavage son nouveau maître, ou bien, comme dans le film, de tenter de libérer la totalité des monstres contenus dans les livres de la série.

DR. STRANGE

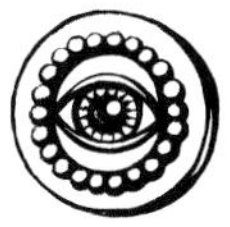

Dans ce comic de Stan Lee et Steve Ditko, Stephen Strange, devenu rapidement le meilleur neurochirurgien du monde, ne gère pas le succès lié à cette ascension fulgurante. Il devient alors égoïste et arrogant, délaissant les patients au martyr au profit des plus fortunés pouvant s'offrir ses services. Suite à un accident de voiture qui endommage ses mains, il perd sa dextérité légendaire. Strange se voit ainsi délaissé et plongé dans une profonde dépression.
C'est alors qu'il entend parler d'un guérisseur tibétain, l'Ancien, qui pourrait être sa dernière chance. Maître des sciences occultes, l'Ancien ne guérit pas Strange mais le forme à la magie afin d'en faire un puissant sorcier.

DONJONS & DRAGONS

Jeu de rôles sur plateaux ensuite adapté en jeux vidéo et en films, l'univers des Donjons et Dragons a aussi inspiré nombre de romans de fantasy.
Les héros, incarnés par les joueurs, évoluent dans des univers médiévaux-fantastiques où ils poursuivent des quêtes, résolvent des énigmes, font échouer des complots ou font face à des malédictions pesant sur eux. Les personnages appartiennent à diverses races (elfes, nains...) ont des occupations variées (voleurs, guerriers...) mais surtout ont des caractères allant de très bons à totalement malfaisant. Ainsi leurs actions et leur expérience ont des répercutions différentes et influent sur le déroulement du jeu.

LA FORÊT DE BROCÉLIANDE

Merlin, dit « l'enchanteur », figure comme l'un des sorciers les plus fameux de tous les temps. Magicien fantasque, il connaît tout sur tout, commande aux éléments comme aux animaux, est amateur de jeux et de facéties, métamorphe et astronome. Infatigable voyageur du temps, il aurait permis la construction de Stonehenge, l'accession au trône du roi Arthur et de sa fameuse épée Excalibur ainsi que la création de la célèbre Table Ronde. Viviane la fée, ou la Dame du lac, fait de Lancelot un chevalier et protège le roi Arthur.
On raconte aussi que, amoureuse de Merlin l'enchanteur, elle lui aurait fait boire un philtre d'amour. Depuis, ils demeureraient pour toujours en forêt de Brocéliande

MERLIN (KAAMELOTT)

Le Merlin de Kaamelott est l'enchanteur officiel du royaume. Très doué lorsqu'il s'agit de provoquer une catastrophe, il crée souvent plus de problèmes qu'il n'en résout. Ses empoignades avec son grand rival, le mage Elias, le prétendant incapable de faire des crêpes, sont en passe de devenir légendaires. Susceptible et boudeur, il justifie ses pouvoirs magiques douteux et aléatoires par le fait qu'il perdrait ses pouvoirs sous un toit et ne serait réellement efficace que dans une forêt ou tout du moins à l'air libre. Il lui arrive tout de même de concevoir des potions efficaces par hasard, et il serait capable de se transformer en toutes sortes d'animaux (volontairement !).

HALLOWEEN

Aussi apellé « Samain », cette fête païenne est célébrée le 31 octobre, la veille de la Toussaint. Elle est pour les sorciers l'équivalent du jour de l'an pour les humains non dotés de pouvoirs magiques.
Très populaire, dans la communauté magique, Halloween est l'occasion rassemblements, de feux de joies et de festins, où l'on chante et danse jusqu'au matin, parfois en compagnie de l'esprit de certains morts. Cette fête incontournable au sein de la communauté magique est aussi très célébrée aux États-Unis où elle est l'occasion de troquer des sorts contre des sucreries.

HARRY POTTER

Série de romans de J. K. Rowling adaptés au cinéma, la saga raconte les aventures d'un jeune garçon orphelin qui découvre un beau jour un monde dont il ignorait jusque là l'existence : non seulement il apprend qu'il est doté de pouvoirs magiques, mais aussi qu'il serait l'être élu attendu par toute une communauté de sorciers pour vaincre le plus puissant mage noir de tous les temps, et assassin de ses parents, Lord Voldemort.
Au sein de l'école de Poudlard, il apprend la magie et forme avec ses amis Ron Weasley et Hermione Granger un trio soudé et inséparable, aussi bien lorsqu'il s'agit de plaisanter avec l'impressionnant mais néanmoins débonnaire directeur Albus Dumbledore, que lorsqu'il faut se rendre aux cours de potions du ténébreux professeur Rogue.

MA SORCIÈRE BIEN-AIMÉE

Dans cette série diffusée à la télévision à partir de 1964, Samantha est une sorcière ayant vécu incognito durant de nombreux siècles parmi les humains, lorsqu'elle épouse Jean-Pierre, un publicitaire des années 1960 qui ignore tout de l'existence des sorciers.
Le couple vivrait un bonheur sans nuages si Endora, la mère de Samantha, ne s'ingéniait par ses sortilèges à rendre la vie impossible à Jean-Pierre, si leur fille Tabatha ne pouvait s'empêcher d'utiliser ses pouvoirs en présence des voisins, ou si les catastrophes d'ordre magiques ne cessaient de troubler leur pas-si-paisible quotidien. Heureusement, grâce à ses pouvoirs et à son humour, Samantha réussit toujours à arranger la situation d'un froncement de nez.

LE MAGICIEN D'OZ

Dorothy est arrachée à sa maison par une violente tornade qui se déchaîne sur le Kansas. En compagnie de son petit chien Toto, elle arrive au pays d'Oz, où on lui apprend que seul le grand magicien demeurant dans la Cité d'Émeraude peut la renvoyer chez elle. En chemin Dorothy fait la connaissance d'un épouvantail qui aimerait être intelligent, d'un lion qui cherche le courage et d'un bûcheron en fer-blanc qui soupire après un cœur. Ensemble, ils se dirigent vers la Cité d'Émeraude, mais la route se révèle semée d'embûches provoquées par les cruelles sorcières du pays d'Oz.
Un film, sorti aux États-Unis en 1939 et en France en 1946, a fait connaître mondialement ce roman de L. Frank Baum paru en 1900.

MARY POPPINS

Avec son parapluie-perroquet, son chapeau orné de cerises, son sac en tapisserie et ses excellentes lettres de références, Mary Poppins semble être la nurse d'enfants la plus respectable qui soit. Pourtant, dès son arrivée auprès de la famille Banks, au 17, allée des cerisiers, elle applique des méthodes fort peu communes.
La chambre d'enfant se range toute seule lorsque Mary sifflote comme un pinson. Si elle emmène les enfants au parc, elle leur fait entrer dans les tableaux crayonnés par son ami Bert et leur fait vivre toute la journée des aventures dans un univers féerique. Une visite à un vieil oncle se finit à rire en prenant le thé au plafond et une innocente promenade devient une gigue endiablée sur les toits de Londres. Ce roman de P. L. Travers a été adapté au cinéma en 1965.

MÉLUSINE

Mélusine est une sorcière légendaire aux multiples apparences. On la rencontre aussi bien en Poitou qu'en Lorraine où elle prend souvent l'apparence d'une femme, mais peut aussi se métamorphoser à volonté en serpent ou en oiseau. On peut la croiser certaines nuits, occupée à bâtir cités et demeures au clair de lune. On dit que, frappée de sortilège, elle était condamnée à se cacher de son époux un jour de la semaine, lorsqu'elle prenait en-dessous de la taille l'apparence d'un serpent. On peut aussi croiser Mélusine dans les cases d'une bande-dessinée, sous les traits d'une jeune sorcière rousse partageant son temps entre un château transylvanien où elle est jeune fille au pair et l'école de magie où, consciente de ses dons exceptionnels elle suit les cours avec assiduité.

MISS TICK

L'opiniâtre Miss Tick est une sorcière-canard, ennemie jurée de l'Oncle Picsou. Originaire des pentes du Vésuve où se situe son repaire, elle n'a de cesse de vouloir faire fortune par tous les moyens alchimiques et magiques à sa disposition, y compris la magie noire.

Son rêve est de dérober le sou fétiche de Picsou — le premier sou gagné par le canard le plus riche au monde ! — afin de le fondre en une amulette qui lui apporterait une fortune supérieure au célèbre Balthazar. Et pour atteindre son but, rien ne l'arrête ! Pas même un voyage dans le temps...

NANNY MCPHEE

Orphelins depuis peu, les sept enfants de M. Brown se sont fait une spécialité d'épouvanter leurs nounous. Mais la nounou de cinéma Nanny McPhee, Nurse Matilda dans le roman de Christianna Brand, n'est pas une nurse ordinaire : vêtue de noir, le visage couvert de verrues et le nez de travers, toujours accompagnée de sa canne, elle a tout d'une sorcière, y compris les pouvoirs. Oh, les enfants vont bien tenter de lui résister, mais à force de se retrouver cloués de force au lit, mutiques alors qu'ils voudraient parler, ou encore obligés à être polis, il deviendra bientôt plus amusant d'obéir. D'autant que Nanny McPhee, sous ses airs revêches, se révèle une bien précieuse alliée lorsqu'une étrange femme se met en tête de vouloir épouser M. Brown.

LE MONDE DE NARNIA

Selon C. S. Lewis, auteur de cette saga romanesque, c'est tout à fait par hasard que Digory et son amie Polly créèrent Narnia, en jouant avec des anneaux magiques. Jadis, la Sorcière Blanche, est une terrible magicienne mi-djinn mi-géante. Réveillée par Digory, elle arrive peu après à Narnia, où elle régne durant cent ans et fait en sorte que ce soit « toujours l'hiver, et jamais Noël ». Combattue par Pierre, Suzanne, Edmund et Lucy Pevensie, elle est défaite par Aslan à la bataille de Beruna. C'est sa sœur qui enverra Eustache et ses compagnons aux géants d'Harfang pour leur festin d'automne. Durant l'exploration des Îles Solitaires, l'équipage du *Passeur d'Aurores* est confronté à nombre de phénomènes magiques : la caverne transformant en dragon celui qui s'y assoupit ou encore l'île des ganipodes.

LE PARIS DES MERVEILLES

Imaginez le Paris de la Belle Époque. Imaginez maintenant que les fées et les magiciens viennent de révéler leur existence au monde, que des dragonnets volent dans les parcs, que des arbres parlent et que des sirènes nagent dans la Seine. C'est dans ce décor qu'évoluent les personnages des romans de Pierre Pevel, Louis Denizart Hippolyte Griffont, gentleman magicien du Cercle Cyan, et Isabel de Saint-Gil, enchanteresse renégate, voleuse quand la situation l'exige et espionne à ses heures perdues. Ensemble ils déjouent un complot capable de raviver l'ancestrale guerre entre les fées et les dragons, affrontent des gargouilles mal-embouchées et croisent le chemin d'ennemis censés avoir disparu il y a plusieurs siècles.

LA REINE DES NEIGES

Il existe plusieurs versions du conte de H. C. Andersen. L'une d'elle présente deux sœurs dont l'une peut commander à la glace et au froid. Dans la version traditionnelle, la Reine des Neige se promène en traîneau et enlève Kay, un jeune garçon pour l'emmener dans son palais de glace. Là, elle gèle son cœur afin de lui faire perdre tout souvenir de sa famille et se son amie Gerda afin que Kay demeure auprès d'elle pour toujours. Gerda, partie à la recherche de Kay, échappe de peu à une sorcière et le retrouve prisonnier au palais. Profitant d'une absence de la Reine, Gerda s'introduit dans le château et délivre son ami en faisant fondre le glaçon qui lui gelait le cœur et l'esprit.

LE ROI LION

Rafiki est le grand chaman du Territoire des Lions. Le vieux mandrill, sage, expérimenté et parfois excentrique, conseille les animaux et le Roi et les amène à réfléchir aux bonnes questions, tant pour eux-mêmes que pour le bien-être de tous les animaux de la plaine. Ce dessin animé, inspiré par le manga *Le Roi Léo* d'Osamu Tezuka et par le classique de William Shakespeare, *Hamlet*, nous plonge au cœur des luttes de pouvoir, des rites et des superstitions de la savane.

SACRÉES SORCIÈRES

Selon Roald Dahl dans son roman *Sacrées Sorcières*, les sorcières, loin de l'image qu'on s'en fait, vivraient en fait parmi nous, sous l'apparence de femmes bien ordinaires. Pourtant, si l'on prête attention, les gants qu'elles portent en permanence, leur absence d'orteils et leurs crânes chauves dissimulés par des perruques devraient nous mettre la puce à l'oreille... Elles rôdent partout, surtout en Angleterre, et cherchent désespérément à éradiquer, par tous les moyens, les jeunes enfants. Dirigées par la grandissime sorcière, elles se réunissent dans un grand hôtel, tâchant de passer inaperçues... Mais un jeune garçon les perce à jour et infiltre leur congrès.

LES SCHTROUMPFS

Toujours accompagné de son chat Azraël, Gargamel traque les schtroumpfs car ils seraient l'élément indispensable à la fabrication de la Pierre Philosophale... Si seulement il pouvait les attraper ! Ce n'est pourtant pas près d'arriver car nul ne peut accéder au village des schtroumpfs s'il n'est pas guidé par l'un d'entre eux. Le Grand Schtroumpf se distingue grâce à son bonnet, sa culotte rouge ainsi que par sa vénérable barbe blanche et sa capacité à parler le langage des humains. L'énergique chef des petits gnomes bleus est âgé de 542 ans, ce qui lui confère la sagesse et l'expérience indispensables pour déjouer les pièges que ce fourbe Gargamel leur tend dans la quarantaine de tomes de cette bande-dessinée belge créée par Peyo.

LE SEIGNEUR DES ANNEAUX

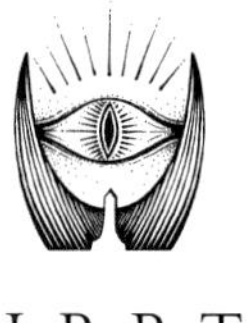

Dans l'univers créé par J. R. R. Tolkien, Gandalf, mage aux immenses connaissances, ami des hobbits, guide de la Communauté de l'Anneau, est le formidable adversaire de Sauron et de Saroumane. Ce dernier est un magicien blanc envoyé en Terre du Milieu pour lutter contre Sauron, avant que son ambition ne le fasse céder aux mirages du maître du Mordor. Radagast le brun est un mage demeurant à la lisière de la Forêt Noire. Bien qu'il soutienne la lutte contre Sauron, il préfère la compagnie des bêtes et des plantes à celle des hommes. Béorn quant à lui est capable de se changer en un gigantesque ours noir. Il vit entre la Forêt Noire et les Monts Brumeux, qu'il protège des gobelins et des orques. Les Ents sont quant à eux les puissants et anciens gardiens des arbres de la Terre du Milieu.

LE SONGE D'UNE NUIT D'ÉTÉ

Puck est un lutin espiègle et rebelle, favoris d'Obéron, le roi des Elfes. Capable de prendre l'apparence de créatures aussi terrifiantes que plaisantes, malin et bon enfant, il aime s'amuser à jouet des tours et égarer les voyageurs dans la nuit.

Titania est la reine des fées, des elfes et des lutins. Dans *Le Songe d'une nuit d'été* de William Shakespeare, elle est l'épouse d'Obéron. Ayant provoqué la jalousie puis la colère d'Obéron, celui-ci, donne l'ordre à Puck de jeter un sort sur sa Reine, qui la contraindra à tomber amoureuse du premier venu, même si celui-ci est un âne. On retrouve Titania dans le *Paris des Merveilles* dans lequel elle est la Reine des fées et du Royaume d'Ambremer.

TRILOGIE DE BARTIMÉUS

La Trilogie de Bartiméus est une série de romans publiés entre 2003 et 2005 par Jonathan Stroud. Bartiméus, djinn âgé de quelques 5000 ans, irrévérencieux, sarcastique et à l'humour décapant, est invoqué dans le Londres du XXe siècle par Nathaniel, un jeune magicien surdoué. Bartiméus devra l'aider à déjouer les pièges et dénouer le complot fomenté par un sombre magicien, Simon Lovelace. Par la suite, Nathaniel, devenu John Mandrake et plus jeune ministre de l'Histoire, retrouve un Bartiméus plus en forme que jamais pour faire face à une redoutable conspiration mêlant magiciens félons, puissants démons, golems indestructibles et rebelles têtus.

ULYSSE 31

Dans la série télévisée d'animation *Ulysse 31*, diffusée en France à partir de 1981, reprenant sous forme futuriste les grandes lignes de l'*Odyssée* d'Homère, Circé est une magicienne cherchant à réunir toutes les connaissances, histoires et légendes contées depuis l'origine des mondes. Elle attire les équipages des vaisseaux passant à proximité et les charme durant un repas raffiné puis les hypnotise afin qu'ils restent à jamais auprès d'elle et l'aident à gérer sa bibliothèque intergalactique.

WILLOW

Willow Ufgood héros du film *Willow* réalisé en 1988 par Ron Howard, est un nelwyn (humain de petite taille) vivant modestement avec sa famille dans une petite ferme et caressant l'espoir de devenir un jour un grand sorcier.

Un matin, ses enfants trouvent un bébé humain au bord de la rivière. Le conseil du village lui confie alors la mission de mener cette petite fille à la croisée des chemins et de la confier au premier daïkini (humain) rencontré. C'est ainsi que Willow fait la connaissance de Madmartigan, mercenaire peu recommandable mais excellent guerrier. Délivrant au passage la fée Fin Razel, qui lui enseigne l'art de la magie, Willow et Madmartigan mènent Elora vers son destin : briser le règne de la tyrannique Bavmorda.

WORLD OF WARCRAFT

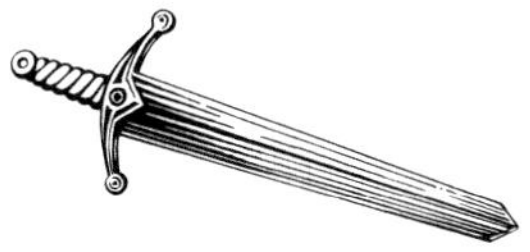

Il était une fois un jeu vidéo se déroulant à Azeroth, un monde fantastique peuplé de nombreuses races légendaires. Chacune d'entre elles est en quête de missions et d'instances à mener à bien pour la puissance, la gloire, et les nombreux trésors promis aux vainqueurs. Pour terrasser ses ennemis, tout sera question de choix : intégrer l'Alliance ou la Horde ? Devenir un guerrier reconnu ou un chaman redouté ? Quelles compétences développer pour devenir indispensable au sein d'une guilde ? C'est avec ces questions que chaque joueur devra vivre avant de forger les bonnes alliances et de s'engager dans de rudes batailles épiques et mythiques.

ZELDA

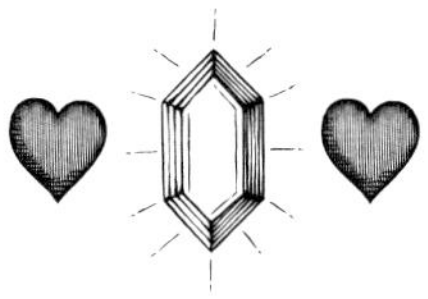

Link est le héros de la série de jeux vidéo *The Legend of Zelda*. Originaire d'Hyrule, reconnaissable à sa tunique et à son bonnet vert, il lutte vaillamment contre les forces du mal pour venir en aide à la princesse Zelda et sauver le royaume d'Hyrule. Bien qu'il ne se sépare jamais de son épée et de son bouclier il manie parfaitement un arsenal parfois hétéroclite (boomerang, ocarina...). Il tire ses pouvoirs de la Triforce, l'amulette concentrant le pouvoir des dieux, dont il possède le fragment du courage.

CHAPITRE I

LA CUISINE MAGIQUE DU QUOTIDIEN

ALADDIN

Cigares du souk

Bienvenue à vous, noble étranger, qui honorez de vos pas l'un des plus admirables souks d'Arabie ! Respirez ces incomparables encens et parfums, émerveillez-vous devant la finesse de ces étoffes ! Comment ? Vous êtes à la recherche d'un objet plus précieux encore ? Une sorte de lampe extraordinaire ? Je vous ai reconnu, Ô Grand Sorcier ! Laissez-moi la trouver pour vous ! Mais j'insiste ! Et en attendant, installez-vous et dégustez les meilleurs cigares du souk, l'orgueil de nos contrées !

INGRÉDIENTS

• 20 cigares environ

1 kg d'épinards, si possible frais
10 feuilles de pâte filo
100 g de fromage de brebis (type feta)
50 g de graines de sézame
25 cl de lait
1 petite tasse d'huile d'olive
1 pot de yaourt nature
1 trait de jus de citron
Sel et poivre

PRÉPARATION • 20 min ◆ CUISSON • 35 min

◆ Tu fais prendre un bain aux épinards pour les débarrasser de la poussière du souk (si besoin, tu enlèves les côtes les plus grosses) puis tu les fais cuire 20 minutes à l'eau salée. Tu les sors avec une écumoire et hop ! dans un grand saladier d'eau glacée, histoire de les réveiller !

◆ Tu les égouttes, les émince et les mélanges avec le fromage émietté. Surtout, Noble Ami, n'oublie pas de les relever de sel et poivre.

◆ Tu badigeonnes ensuite une feuille de pâte filo de lait au pinceau (oui oui, au pinceau, même si le tapis insiste pour que tu utilises ses franges).

◆ L'étape suivante demande l'habileté de 40 voleurs : 2 cm à partir du bas, tu déposes une cuillerée de mélange sur la pâte en laissant l'espace qu'il faut de chaque côté. Tu replies la pâte sur la garniture, badigeonnes de lait, puis rabats la pâte vers l'intérieur : tadam, tu obtiens un rectangle !

◆ Tu fais rouler la partie déjà garnie vers le haut, sans oublier de badigeonner la pâte de lait à chaque tour. Lorsque tous les cigares sont terminés, tu préchauffes le four à 200 °C. Comment ? Absorbé par les merveilles du souk, tu as oublié ? Est-ce là un vœu en bonne et due forme ? Oui ? Alors considère que c'est fait : voici devant toi, ô mon Maître, un four parfaitement prêt. Tu n'as plus qu'à y glisser les cigares badigeonnés d'huile d'olive et parsemés de délicieuses graines de sésame et à attendre 35 minutes environ. Patience, tes cigares seront dorés et croustillants ! Déguste-les alors avec le yaourt citronné. C'est bon, hein ?

Brochette d'ennemis hachés menu

« Lorsque, comme moi, on est un puissant sorcier qui veut prendre la place du sultan, il faut savoir se faire respecter. Je vais vous confier un secret : depuis que mon fidèle serviteur a fait courir le bruit que ces boulettes seraient fabriquées à partir d'ennemis réduits en bouillie, ils sont terrifiés dès que j'apparais. Ha ! ha ! ha ! » — Le Vizir

PRÉPARATION • **5 min** ◆ CUISSON • **20 min**
TREMPAGE • **1 nuit** ◆ REPOS • **30 min**

◆ Songez à plonger vos pois chiches dans l'eau. Rien de tel qu'une bonne nuit pour les ramollir.

◆ Le lendemain, égouttez-les, enveloppez-les d'un torchon et frottez-les énergiquement afin d'ôter leur peau. Écrasez-les sans pitié puis réduisez-les en purée.

◆ Épluchez finement l'oignon, pressez l'ail, ciselez délicatement la coriandre et le persil préalablement rincés.

◆ Mélangez les herbes, les épices, la purée d'ennemis... pardon, la purée de pois chiches, ajoutez 75 cl d'eau et la levure, et mélangez encore afin de faire comprendre aux ingrédients rebelles qui commande ! Goûtez, salez et poivrez, puis laissez reposer et réfléchir 30 minutes.

◆ Profitez de ce temps pour faire chauffer l'huile.

◆ Au bout des 30 minutes, formez des petites noix de pâte à l'aide d'une cuillère et jetez-les dans la friture jusqu'à ce que les petites balles soient bien dorées. Empalez-les sur des brochettes, arrosez d'un jus de citron et dégustez avec une simple salade de saison tout en échafaudant votre prochain plan machiavélique.

INGRÉDIENTS • **6 personnes**

500 g de pois chiches
1 salade de saison
1 oignon
2 gousses d'ail
2 cuil. à café de feuilles de persil plat
1 cuil. à café de feuilles de coriandre
1 cuil. à café de cumin
1 cuil. à café de levure chimique
le jus de 1 citron
Huile de friture
Sel et poivre

ALADDIN

Bouchées de la caverne aux merveilles

« Salaam à toi, Noble Effendi, qui a frotté ma lampe... Permets à ton humble serviteur de te faire découvrir ces délices tout droit sortis de la caverne aux Merveilles. » — Le génie de la lampe

INGRÉDIENTS • 4 personnes

500 g de carottes
100 g de sucre semoule
30 g de pistaches non salées
30 g de raisins de Corinthe (secs)
30 g d'amandes effilées et torréfiées
4 gousses de cardamome
25 cl de lait
50 g de beurre

PRÉPARATION • 20 min ◆ CUISSON • 50 min

◆ Pour goûter à ces cubes, mon Ami, il faut que tu laves, épluches et râpes finement les carottes.

◆ Puis tu les mets dans une marmite posée sur un feu vif – attention aux doigts ! – et tu les couvres d'un verre d'eau et de lait. Ensuite, tu demandes au tapis d'ajouter le sucre et tu mélanges doucement jusqu'à ce qu'il soit dissous (le sucre, pas le tapis), tu baisses le feu et tu laisses mijoter le temps d'admirer le coucher du soleil sur le désert (environ 45 minutes).

◆ Aux derniers rayons, tu fais tiédir un peu d'eau et tu y plonges les raisins.

◆ Tu enlèves ensuite l'écorce des gousses de cardamome et tu réduis les graines en poudre en demandant à un éléphant de marcher dessus. Si tu n'as pas d'éléphant, tu peux aussi prendre deux cuillères et écraser les gousses en les pressant l'une contre l'autre – ou bien un mixeur, mais c'est bruyant et moins drôle. Où avais-je l'esprit ! Il faut aussi hacher les pistaches en gros morceaux !

◆ Quand le soleil a disparu derrière les dunes et que les carottes ont absorbé presque tout le lait, tu verses la poudre de cardamome, les pistaches et les raisins égouttés, puis tu ajoutes le beurre en morceaux et tu laisses cuire encore 5 minutes, juste le temps d'exaucer un vœu.

◆ Tu parsèmes d'amandes et tu laisses reposer jusqu'à complet refroidissement ou aussi longtemps qu'il te sera possible de résister.

◆ Tu découpes et tu dégustes en contemplant le clair de lune.

Soupe de citrouille

Pour célébrer Halloween, voici une recette qui ravit autant les sorciers de ce monde et de l'autre, celle de la plus grande spécialiste ès potirons : la marraine de Cendrillon.

INGRÉDIENTS • 4 personnes

1 citrouille d'1 kg du potager
(potimarron, butternut,
bleue de Hongrie...)
1 cube de bouillon de poulet
60 g de crème fraîche épaisse
Noix de muscade
Sel et poivre

PRÉPARATION • 30 min ◆ CUISSON • 45 min

◆ Allez chercher votre plus belle citrouille dans le fond du potager (pas la plus grosse, elle, vous la garderez pour servir de carrosse si besoin), poussez le lézard, retrouvez votre baguette (dans votre manche, peut-être ?), respirez un bon coup, souriez, et découpez la courge en gros morceaux sans vous couper. Ôtez les pépins.

◆ Si vous utilisez un chaudron : enfilez vos gants de protection et ôtez l'écorce avec précaution, puis placez les morceaux dans votre chaudron, couvrez d'une pluie d'étincelles et d'eau, émiettez le cube de bouillon et laissez cuire 45 minutes.

◆ Si vous utilisez un cuit-vapeur : émiettez le cube de bouillon dans un bol d'eau, placez les morceaux de courge dans le panier sans enlever l'écorce et laissez cuire environ 45 minutes jusqu'à ce que la chair soit aussi tendre qu'un sourire de fée et que la pointe de votre baguette y pénètre aisément. Laissez refroidir quelques instants, puis enlevez l'écorce en tirant doucement dessus.

◆ Mixez les morceaux de courge en ajoutant un peu de bouillon de cuisson jusqu'à obtenir un potage bien fluide. Goûtez, demandez l'avis des souris et du lézard, ajoutez de la noix de muscade râpée, du sel et du poivre à votre goût (celui des souris étant définitivement par trop étrange).

◆ Versez dans les bols, ajoutez la crème et servez. Régalez vos convives après avoir lancé un sort de protection sur leurs vêtements : il serait dommage d'arriver en retard au bal.

Œufs de Cair Paravel

Lucy, Edmund, Susan, Peter mais aussi Caspian… nombreux sont celles et ceux au cours des siècles qui siégèrent à Cair Paravel, le château des rois et reines de Narnia. Quantité de festins extraordinaires y furent donnés, mais la recette qui rencontrait le plus de succès est celle des œufs. Pourquoi ? Parce que même au milieu de nulle part ou dans une situation désespérée, vous pouvez toujours la déguster et vous sentir comme à la maison.

INGRÉDIENTS • 4 personnes

100 g de lardons
4 œufs
½ baguette
Poivre
Huile de tournesol

PRÉPARATION • 5 min ◆ CUISSON • 10 min

◆ Lorsque le soleil se lève sur le pays d'Aslan, coupez une demi-baguette de pain en 4 larges tronçons de 5 cm de long, dont vous ôterez la mie pour faire un nid ; réservez.

◆ Faites revenir les lardons quelques minutes dans une poêle antiadhésive jusqu'à ce qu'ils soient dorés, ôtez le gras superflu et mettez de côté.

◆ Versez l'huile dans la poêle. Lorsqu'elle est chaude, placez les nids de baguette dessus, côté mie vers le bas.

◆ Brisez les œufs avec précaution. Faites glisser chaque œuf doucement dans un nid, en appuyant légèrement sur la baguette pour éviter que le blanc ne glisse sous le pain. Poivrez.

◆ Laissez cuire durant 2 minutes, puis retournez le nid à l'aide d'une spatule et laissez cuire encore 2 minutes

◆ Lorsque le pain est aussi doré que le Grand Lion, déposez-le dans une assiette et parsemez de lardons.

SALADE DE RAMANDU

Lorsque l'équipage des Passeurs d'Aurore arrive sur l'Isle de Ramandu, une étrange scène s'offre à leurs yeux : assoupis le nez dans leurs assiettes, trois seigneurs narniens dorment d'un sommeil enchanté au milieu d'un vaste banquet. Chaque soir, de grands et délicats oiseaux, blancs comme la neige, renouvellent les plats, au grand étonnement de Caspian et de ses amis. Heureusement, Ramandu et sa fille l'Étoile du Soir leur expliqueront les raisons de ce sortilège. L'immense festin, dressé sur l'ordre d'Aslan, fait honneur à la douce et tiède île du Commencement-du-Bout-du-monde, il est donc naturel que les plats fassent la part belle aux produits de la mer et des tropiques.

PRÉPARATION • 15 min ◆ **MACÉRATION** • 5 h ◆ **DÉGORGEAGE** • 15 min

◆ Dans le silence impressionnant de la salle des banquets, faites rouler les citrons entre votre paume et une table, en les écrasant légèrement, puis coupez-les en deux au-dessus d'un bol et pressez-les afin d'en récupérer tout le jus.

◆ Rincez le poisson, vérifiez qu'il n'y a plus d'arêtes, saisissez-vous de ce large couteau de pierre posé sur la table et coupez le poisson en morceaux. Placez-les ensuite dans un plat, recouvrez-les de jus de citron, couvrez d'un film alimentaire et laissez mariner au frais durant 5 heures.

◆ Lorsque l'Étoile du soir pâlit, égouttez le poisson.

◆ Épluchez le concombre, coupez-le en dés que vous saupoudrerez légèrement de sel avant de les mettre à dégorger 15 minutes dans une passoire. Épluchez l'échalote et les carottes, émincez l'une et coupez les autres en bâtonnets. Rincez les tomates et la ciboulette. Ciselez la ciboulette et découpez les tomates en petits dés.

◆ Dans un saladier, mélangez avec délicatesse les morceaux de poisson, de concombre, les carottes, l'échalote et les tomates. Versez le lait de coco, mélangez encore et parsemez de ciboulette ciselée. Servez sans attendre.

INGRÉDIENTS • **4 personnes**

500 g de filets de merlan (daurade ou cabillaud)
2 carottes
½ concombre
1 échalote
2 tomates
5 citrons
1 bouquet de ciboulette
100 g de lait de coco
Sel

Omelette soufflée de Saroumane

Saroumane est un mage, ô combien puissant, dont une grande partie du pouvoir résidait dans sa voix hypnotique qui ensorcela nombre de créatures. Son ambition le fit céder aux mirages de Sauron. Après la chute de l'Isengard, Merry et Pippin se remettent de leurs émotions grâce à cette omelette dont ils ont trouvé les ingrédients dans la salle de garde de la Tour Blanche.

INGRÉDIENTS • **4 personnes**

8 œufs
125 g de crème liquide
Sel et poivre

PRÉPARATION • **15 min** ◆ **CUISSON** • **6 à 8 min**

◆ Au-dessus d'un bol, brisez vos œufs en séparant les jaunes des blancs.

◆ Lancez une tornade dans une jatte (ou utilisez un batteur) et battez les blancs jusqu'à ce qu'ils soient montés en neige ferme.

◆ Versez la crème dans un bol glacé, déchaînez les vents du Caradhras et battez la crème jusqu'à ce qu'elle épaississe.

◆ Dans un autre bol, brisez les jaunes au fouet, ajoutez la crème fouettée, puis les blancs, salez et poivrez.

◆ Faites chauffer une noix de beurre dans une poêle aussi chaude qu'un palantir, versez le mélange et laissez cuire 3 ou 4 minutes jusqu'à ce que l'omelette soit prise.

◆ Rabattez les bords vers le centre et poursuivez la cuisson 3 ou 4 minutes de plus. Servez sans attendre.

SALADE DE RADAGAST

Radagast le Brun est un mage demeurant à la lisière de la Forêt Noire. Grand ami des oiseaux, il préfère la compagnie des bêtes et des plantes à celle des hommes.
Dans le film Le Hobbit, *c'est lui qui avertit Gandalf du retour d'une présence maléfique en la forteresse de Dol Guldur.*

INGRÉDIENTS • 4 personnes

1 botte de cresson
2 betteraves crues
250 g de champignons
1 poignée de noix
1 cuil. à soupe de vinaigre de pomme
2 cuil. à soupe d'huile de noix
Sel et poivre

PRÉPARATION • 10 min ◆ CUISSON • 45 min

◆ Préchauffez le four à 180 °C (th. 6).

◆ Rincez les betteraves et enveloppez-les dans du papier cuisson ou une feuille de papier d'aluminium. Placez-les au four ou sous la cendre d'une bonne flambée, et faites-les cuire jusqu'à ce que la pointe d'un couteau y pénètre aisément (environ 45 minutes).

◆ Rincez abondamment les feuilles de cresson dans l'eau claire d'un ruisseau, puis essorez-les bien.

◆ Vérifiez que tous vos champignons sont bien comestibles, puis brossez-les et nettoyez-les à l'aide d'un chiffon humide. Coupez-les ensuite en lamelles et faites-les revenir quelques minutes dans une poêle sur feu vif jusqu'à ce qu'ils commencent à être dorés.

◆ Brisez les noix et récupérez les cerneaux.

◆ Réalisez une vinaigrette en mélangeant l'huile, le vinaigre, du sel et du poivre.

◆ Épluchez ensuite les betteraves et coupez-les en morceaux. Réunissez dans un grand bol les morceaux de betterave, les champignons tiédis, le cresson et les noix, mélangez et ajoutez la sauce juste au moment de servir.

Middle
Earth

TARTINE DE CHÈVRE FAÇON BEORN

Dans Le Hobbit*, lorsque Bilbo et ses compagnons trouvent refuge chez Beorn après avoir fui les orques, l'homme-ours les régale de tartines au fromage de ses chèvres et au miel de la Forêt Noire.*

INGRÉDIENTS • 4 personnes

4 petits fromages de chèvre ou 2 gros
1 pincée de noix de muscade râpée
4 cuil. à soupe de miel liquide
1 poignée d'herbes fraîches (basilic, marjolaine, thym)
1 salade de saison (batavia, laitue, mâche)
4 tranches de pain
Sel et poivre

PRÉPARATION • 10 min ◆ CUISSON • 5 min

◆ À l'aide d'une lame bien effilée, coupez chaque petit fromage en deux dans le sens de la longueur, ou bien chaque gros fromage en tranches de 1 cm d'épaisseur environ.

◆ Salez, poivrez, saupoudrez légèrement de noix de muscade et répartissez les fromages sur les tranches de pain.

◆ Allez cueillir les herbes aromatiques poussant au sud de la barrière, rincez-les, égouttez-les et hachez-les finement. Parsemez les tartines d'herbes fraîches et recouvrez-les ensuite de miel.

◆ Passez sous un gril environ 5 minutes, le temps que le fromage fonde, le miel caramélise et le pain croustille.

KEBAB D'IL Y A 3000 ANS

Ah, la splendeur des remparts d'Ur, de Babylone la merveilleuse... On oublie juste de dire que ce sont les djinns — enfin, surtout Bartiméus — qui ont érigé ces cités devenues légendaires par leur beauté. Et il y a de quoi être assez satisfait de son travail. Le seul inconvénient est qu'il a dû cuisiner inlassablement cette recette pour ses collègues Faquarl et Jabor qui lui réclamaient un casse-croûte chaque fois qu'ils avaient fini un pan de mur.

INGRÉDIENTS • **6 personnes**

Les petits pains

400 g de farine
25 cl de lait
½ sachet de levure chimique
1 cuil. à café de sel
1 cuil. à café de sucre semoule
40 g de beurre fondu

La garniture

250 g de restes de viande
100 g de fromage de brebis émietté
1 oignon
1 poignée de feuilles de coriandre
1 cuil. à café de cumin
Graines de sésame
Huile d'olive
Sel et poivre

PRÉPARATION • **15 min** ◆ CUISSON • **25 min** ◆ REPOS • **45 min**

◆ Incarnez-vous en esprit du feu et torréfiez des graines de sésame d'un regard (ou alors, utilisez une poêle) : elles doivent être dorées mais pas grillées. Dans un mortier du marbre le plus pur – il paraît qu'avec l'invention d'un ustensile nommé blender, c'est ma foi aussi possible – pilez-les avec une quantité égale d'huile jusqu'à obtenir un mélange lisse et homogène.

◆ Ciselez la coriandre. D'une pensée et d'un geste élégant, épluchez l'oignon et taillez-le en lanières. Faites-les fondre dans une poêle chaude jusqu'à ce qu'elles soient translucides, puis ajoutez la viande et les épices et laissez cuire 5 minutes. Ajoutez la coriandre, mélangez, assaisonnez et laissez refroidir.

◆ Mélangez les ingrédients des petits pains en pétrissant. Quand la pâte est lisse et non collante, laissez-la reposer 45 minutes.

◆ Séparez ensuite la pâte en 6 petites galettes étalées très finement. Déposez-les dans une poêle très chaude et laissez-les cuire 5 à 7 minutes de chaque côté : elles doivent blondir et gonfler comme un magicien vexé.

◆ Ouvrez un petit pain, garnissez-le de farce et de fromage émietté, ajoutez une généreuse cuillerée de sauce et mangez chaud en admirant la crue du Jourdan. Faites de même avec les 5 autres petits pains.

LA TRILOGIE DE BARTIMÉUS

SANDWICHS AU CONCOMBRE

En tant que plus jeune ministre de l'information de tous les temps, Nathaniel – devenu John Mandrake – fait partie des invités familiers des réceptions du gouvernement. Et c'est tant mieux, car sinon comment pourrait-il éviter qu'un mage ambitieux, puissant, vraiment très rusé en plus d'être accompagné d'une légion de djinns, ne profite d'un cocktail pour essayer de s'emparer du pouvoir ? Ceci dit, même au plus haut niveau, et au beau milieu d'une bataille où se mêlent golem, sorts et amulettes magiques, le gratin des magiciens britanniques ne saurait se passer de ces fameux sandwichs au concombre.

INGRÉDIENTS • 8 sandwichs ou 32 mini-sandwichs

1 concombre
8 tranches de pain de mie complet
8 tranches de pain de mie
100 g de beurre doux
2 cuil. à café de menthe fraîchement ciselée
Sel et poivre

PRÉPARATION • 20 min

◆ Épluchez le concombre et détaillez-le en tranches aussi fines que possible, idéalement, vous aurez invoqué un djinn muni d'une mandoline ou de griffes acérées. Salez les tranches de concombre, placez-les dans une passoire posée dans l'évier et laissez-les y rendre leur eau 15 minutes, le temps de remettre à sa place le djinn indiscipliné qui commente irrespectueusement l'addiction des magiciens britanniques aux sandwichs au concombre.

◆ Reprenez le fil de votre recette et épongez les rondelles de concombre avec du papier absorbant.

◆ Faites toaster les tranches de pain de mie, puis tartinez-les de beurre. Disposez ensuite joliment les rondelles de concombre sur une tranche de pain complet, passez outre la remarque désobligeante du djinn qui prétend que cela ne sert à rien étant donné que le concombre sera à l'intérieur du sandwich, ignorez-le, il ne sait pas de quoi il parle. S'il insiste, menacez-le de l'enfermer dans une fiole pour le reste de son invocation, ça lui fera les pieds.

◆ Parsemez les rondelles de concombre de menthe ciselée, recouvrez d'une tranche de pain de mie blanc et pressez doucement. Faites de même avec les autres tranches de pain. Coupez le sandwich en quatre dans la diagonale et dégustez tout en gardant à l'œil le mage mégalomane qui voudrait bien annihiler votre carrière.

Potage babylonien

Quand la divine reine de Saba demanda à Bartiméus, le djinn, d'emmener Asmira sa magicienne à travers l'immense désert pour espionner le grand roi Salomon — louées soient ses babouches —, elle ne s'est pas souciée de savoir comment sa suivante se nourrirait. C'est toujours pareil avec les puissants, ils oublient l'intendance ! Et qui sauve la situation en mijotant un bon petit potage réconfortant et désaltérant ? C'est Bartiméus !

PRÉPARATION • **10 min** ◆ CUISSON • **45 min**

◆ Profitez du soleil brûlant de midi pour torréfier vos lentilles dans une poêle, quelques minutes suffisent, il ne faudrait pas les carboniser.

◆ Rincez les découpes de poulet en invoquant un jet d'eau. Tant que vous y êtes, rincez aussi la coriandre et la salade. Pelez les oignons — si vous vous mouchez dans le tapis volant, faites-le discrètement, les magiciens sont plutôt susceptibles à ce propos, j'ignore pourquoi — coupez-les en quatre.

◆ Préparez une large marmite posée sur feu vif, versez dedans les morceaux de poulet, d'oignon et de poireau, l'ail écrasé, les lentilles, le cumin et les feuilles de coriandre juste séparées des tiges, recouvrez d'une cruche d'eau et de lait. Lorsque les bouillons apparaissent, baissez le feu et laissez mijoter 45 minutes jusqu'à ce que la chair du poulet se détache.

◆ Dégustez bien chaud.

S'il est possible de cuisiner ce potage à bord d'un tapis volant en esquivant les attaques des brigands du désert, il n'y a aucune raison pour que vous ne le réussissiez pas ! Enfin si ! Car vous n'êtes pas un djinn exceptionnel possédant sept niveaux de vision !

INGRÉDIENTS • **6 personnes**

• **pour 6 djinns babyloniens**

Plusieurs morceaux de volaille
1 pleine poignée de cuscute
2 samidu
1 sahumu
1 suhutinuu
1 poignée de sahlu ou d'engengeru
Feuilles de kisibiru
1 pointe de stylet de kamu
1 cruche de kisimmu

• **pour 6 djinns modernes**

6 découpes de poulet (cuisses, ailes...)
1 poignée de lentilles corail
2 oignons
1 gousse d'ail écrasée
1 poireau en tronçons
1 poignée de cresson ou de roquette
1 bouquet de coriandre
1 cuil. à café de cumin
1 l de lait

Sandwichs aux sardines

À force de rire encore et encore, l'Oncle Albert de Mary s'est envolé au plafond, il roule et rebondit en riant aux éclats ! Et, bien que cette conduite soit un peu inconvenante — car comment voulez-vous boire votre tasse sans rien renverser lorsque vous roulez comme une bulle de savon ? — ces sandwichs sont parfaits pour prendre le thé les pieds au plafond avec Mary Poppins et son oncle Albert !

INGRÉDIENTS • 4 personnes

250 g de sardines au naturel
8 tranches de pain de mie
8 tomates-cerises
le jus de 1 citron vert
30 g de beurre doux
Sel et poivre

PRÉPARATION • 5 min

Note : Essayez, tant que faire se peut, de garder un peu votre sérieux pour ne pas vous envoler avant d'avoir achevé les sandwichs.

◆ Égouttez les sardines, fendez-les en deux dans le sens de la longueur et enlevez l'arrête. Écrasez-les ensuite dans un bol avec le beurre et le jus de citron vert, salez et poivrez.

◆ Rincez les tomates-cerises, coupez-les en deux et laissez-les égoutter quelques instants. Surtout, n'échangez aucune plaisanterie, ni histoires drôles, ni anecdotes cocasses, rien de joyeux surtout... vous décolleriez irrémédiablement !

◆ Tartinez la moitié des tranches de pain avec le mélange poissonneux, placez une demi-tomate dans chaque diagonale et refermez avec la seconde tranche de pain.

◆ Tssttssstss, je vous entends pouffer... Allons, encore un peu de sérieux !... Ignorez oncle Albert qui rebondit de mur en mur au rythme de son fou rire, et découpez les sandwichs à l'aide de l'emporte-pièce de votre choix (étoile, ombrelle, perroquet) : les demi-tomates se retrouvent au centre. Arrivés à ce point, respirez un grand coup, disposez les demi-tomates sur le dessus, laissez éclater votre joie et dégustez au plafond.

CUISINE MAGIQUE DU QUOTIDIEN

NANNY MCPHEE

Bouillon aux épluchures

Un beau matin, les enfants Brown prétendirent être malades et refusèrent de se lever, Nanny McPhee les immobilisa alors une journée entière dans leurs lits.
Lorsque le soleil se coucha, elle leur fit servir ce bouillon d'épluchures qui sembla aux yeux des enfants affamés le meilleur plat qu'ils aient jamais dégusté.

INGRÉDIENTS • 6 personnes

1 kg d'épluchures diverses autant que variées (pommes de terre, carottes, panais, queues de radis, betteraves...)
1 cube de bouillon de volaille
1 sachet de 250 g de vermicelles
1 petite poignée de thym, laurier et romarin
Sel et poivre

PRÉPARATION • 15 min ◆ CUISSON • 45 min

◆ Rincez les épluchures, puis triez-les en jetant celles qui sont abîmées ou moisies. Conservez-en quelques-unes pour la décoration. Lavez également les aromates.

◆ Placez les épluchures dans une grande marmite, émiettez le cube de bouillon, ajoutez les aromates, du sel et du poivre, et recouvrez le tout d'eau claire.

◆ Portez à ébullition. Lorsque le premier bouillon éclate, baissez le feu et laissez mijoter 45 minutes. Profitez-en pour vérifier que les enfants prétendument malades sont bien couchés et non en train de sauter sur leur lit.

◆ Mettez ensuite à chauffer une casserole d'eau et faites cuire les vermicelles selon le temps indiqué sur le paquet, égouttez-les et réservez.

◆ Préchauffez le four à 240 °C (th. 8).

◆ Étalez les épluchures réservées sur une plaque allant au four et faites-les cuire 5 à 10 minutes en fonction de leur épaisseur, jusqu'à ce qu'elles soient bien croustillantes.

◆ Filtrez le bouillon, puis servez-le très chaud accompagné des vermicelles et des chips d'épluchures après avoir levé le sortilège collant les enfants sous leurs couvertures.

TIMBALES DE GRATIN MAGIQUE

Nous autres sorciers et sorcières des temps modernes avons une vie trépidante, surtout lorsque nous vivons auprès d'humains qui ignorent tout de notre existence. C'est pourquoi nous avons parfois besoin de lever le pied – enfin, la baguette ! – et, comme Samantha, Jean-Pierre et Tabatha, de déguster un repas bien nourrissant en famille. Pour cela rien de tel que ce plat qu'on retrouve dans tous les foyers américains : le gratin de macaronis.

PRÉPARATION • 15 min ◆ CUISSON • 30 min

Ô Filles de Sélène et Habitants des limbes, entendez-moi !
Que le four atteigne 180 °C (th. 6),
Que l'oignon soit épluché sans larmes puis émincé,
Que les tomates soient lavées et coupées en morceaux,
Que la viande soit revenue 10 minutes sur feu vif,
Que les macaronis soient cuits dans cinq fois leur volume d'eau bouillonnante avant d'être égouttés,
Que dans un large plat soient mêlés viande et tomates, oignons et pâtes, sel et poivre,
Que deux tiers du fromage soient versés avant que le tout soit à nouveau mélangé,
Que le mélange soit réparti en autant de ramequins que de convives,
Que le reste du fromage recouvre le tout,
Et que dans les braises du four les plats reposent 20 minutes !
Ô Habitants des limbes ! Ô Filles de Sélène !
Qu'en ce moment personne ne puisse nous déranger,
Que cet instant soit sacré, et que nous le partagions en toute sérénité !

INGRÉDIENTS • 6 personnes

500 g de viande de bœuf hachée
1 kg de tomates
1 oignon
250 g de cheddar râpé (essayez aussi avec du parmesan, de la mimolette ou du gruyère)
50 g de beurre
1 paquet de macaronis de 500 g
Sel et poivre

MA SORCIÈRE BIEN-AIMÉE

BOULETTES DE JEAN-PIERRE

Jean-Pierre, le mari de Samantha, peine parfois à dissimuler que sa tendre épouse est une sorcière des temps modernes. Les quiproquos se multiplient particulièrement lorsqu'ils reçoivent leurs amis pour un apéritif « maison ». Pourtant, avec cette recette ne nécessitant aucun recours à la magie, tout pourrait se passer sans encombres.

PRÉPARATION • 15 min ◆ CUISSON • 45 min

◆ D'un tour de main, émiettez le pain ; rincez le persil, épluchez l'ail et l'oignon, puis hachez-les finement avec le persil.

◆ Mélangez la viande hachée, le pain, l'ail, l'oignon et le persil hachés, les œufs (sans les coquilles), salez et poivrez.

◆ Dans une casserole (plus discrète que le traditionnel chaudron), réchauffez la sauce tomate sur feu doux, versez ensuite la poudre de gelée de raisin et mélangez de manière à éviter la formation de grumeaux. Goûtez et ajoutez du piment doux si vous le désirez.

◆ Formez des petites noix de viande en les roulant entre vos doigts, plongez-les dans la sauce et laissez-les mijoter 45 minutes.

◆ Égouttez les boulettes, déposez-les dans un plat et enfoncez dans chacune une pique en bois.

INGRÉDIENTS • 6 personnes

500 g de steak haché
2 tranches de pain rassis (ou de pain de mie) trempées dans du lait
2 œufs
1 gousse d'ail
1 oignon
1 cuil. à soupe de feuilles de persil frais (ou 2 cuil. à soupe de persil séché)
Sel et poivre

La sauce

25 cl de sauce tomate
1 cuil. à café de piment doux (facultatif)
1 sachet de gelée de raisin en poudre (rayon produits du monde)

Potage Isabel

Louis Denizart Hippolyte Griffont, mage de son état, et Isabel de Saint-Gil, enchanteresse aux nombreux mystères, firent connaissance durant l'hiver 1720. À l'époque, la mode était aux petits soupers. Le bruit courut alors qu'un cuisinier tombé sous le charme de la délicieuse baronne lui dédia ce potage, hommage à la fois à sa chevelure rousse mêlée de blond et à son caractère aussi caressant qu'ardent.

INGRÉDIENTS • 4 personnes

6 poivrons rouges
2 poivrons jaunes
2 pommes de terre
1 oignon
1 gousse d'ail
1 l de bouillon de poulet
1 cuil. à soupe de feuilles de thym
Huile d'olive
Sel et poivre

PRÉPARATION • 20 min ◆ CUISSON • 50 min

◆ Rincez les poivrons, déposez-les sur la plaque de votre four recouverte de papier cuisson. Passez les poivrons sous le gril à puissance maximale, en les tournant régulièrement jusqu'à ce que la peau (et uniquement la peau !) soit brûlée.

◆ Sortez-les poivrons, prenez soin de ne pas vous brûler et ôtez leur peau. Coupez ensuite les poivrons et enlevez les pépins.

◆ Lavez, épluchez, coupez les pommes de terre en gros dés, rincez-les. Épluchez et émincez la gousse d'ail et l'oignon, et faites revenir celui-ci 2 minutes à l'huile d'olive, puis ajoutez l'ail et continuez la cuisson 5 minutes. Ajoutez les pommes de terre et le thym, couvrez de bouillon de poulet et laissez mijoter 30 minutes.

◆ Ajoutez alors les poivrons coupés en gros morceaux, assaisonnez, puis laissez cuire 15 minutes.

◆ Prélevez les poivrons jaunes, quelques morceaux de pommes de terre et un peu de bouillon, et mixez en potage. Une fois que la texture vous convient, mixez le reste de soupe avec les poivrons rouges.

◆ Versez le potage rouge dans les assiettes, ajoutez le potage jaune en formant des spirales, parsemez de thym et servez bien chaud.

Soupe des sacrées sorcières

Cette entrée, pourtant très simple, est la favorite de la Grandissime et des sacrées sorcières lorsqu'elles se rassemblent pour leur grand congrès annuel… Sauf, bien sûr, si elles absorbent d'abord la potion à retardement et se retrouvent transformées en souris. Pas besoin d'attendre un congrès annuel pour la tester chez vous !

INGRÉDIENTS • 4 personnes

1 kg de courgettes
4 pommes de terre
60 g de perles du Japon (tapioca)
50 cl de jus de tomate
Sel et poivre

PRÉPARATION • 15 min ◆ CUISSON • 1 h 10

◆ Faites bouillirrr le jous de tomate et dedans couire les perrrrles dou Japon dourrrant 20 minutes à poutits bouillons.

◆ Rrrincez et éplouchez les pommes de terrrrrre, coupez-les en morrrceaux bien grrros.

◆ Faites parrreil avec les courrrgettes.

◆ Plongez les morrrceaux de pommes de terre dans oune grande casserrrole d'eau bouillante. Laissez couirrre dourrant 30 minutes, aprrrès ce temps, ajoutez les courrrgettes et laissez bouillirrr encorrre 20 minutes.

◆ Pensez à égoutter les perrrles dou Japon (garrrdez le jous de toumate pourrr l'utiliser dans oune autrrre potion).

◆ Saisissez-vous d'un puissant mixeurrr.

◆ Rretirrez la casserrrole dou feu et mixez, écrrrabouillez, brrroyez, rrrédouisez en bouillie votrre soupe jousqu'à ce qu'elle soit tout à fait mélangée.

◆ Goûtez, ajoutez alorrrs le sel et le poivrrre, pouis les perrrles dou Japon trrrès rrrouges dans votrrre soupe trrrès verrrte et dégoustez bien chaud.

Sang de

Bouillon enflammé de l'auberge du Dragon Rouge

L'Auberge du Dragon Rouge est située près de la côte dont les hautes falaises abritent une vaste colonie de dragons. Les paladins, les voleurs, les mages et les druides qui s'y sont essayés sont tous du même avis : il vaut mieux réfléchir à deux fois avant d'aller chercher des brettes à un dragon en son refuge. Et de se regarder d'un air entendu en répétant que la riposte peut s'avérer… cuisante.
C'est pourquoi le jovial cuisinier de l'auberge a créé cette recette à la fois douce et ardente. Selon l'opinion de tous, en plus d'être délicieuse et réconfortante, cette soupe est aussi idéale pour explorer des souterrains oubliés ou pour affronter une nuit pleine de ténèbres et de terreur.

INGRÉDIENTS • 4 personnes

1 oignon
3 gousses d'ail
2 branches de céleri
15 g de gingembre frais
1 cuil. à soupe de curry en poudre
50 g de lait de coco
1 l de bouillon de poulet
4 cornichons
1 petite boîte de concentré de tomate
Sel et poivre
Tabasco® à volonté

PRÉPARATION • 10 min ◆ **CUISSON** • 45 min

◆ Épluchez l'oignon, l'ail, le céleri et le gingembre. Coupez-les en gros morceaux puis mettez-les dans une casserole dans laquelle vous ajouterez le lait de coco, le bouillon de poulet, le concentré de tomates, la poudre de curry et les cornichons.

◆ Mélangez bien et portez à ébullition. Puis laissez mijoter et réduire environ 45 minutes. Goûtez et assaisonnez.

◆ Filtrez la soupe dans une passoire, puis au travers d'un torchon afin d'obtenir un bouillon très clair. Goûtez, rectifiez l'assaisonnement si nécessaire, et ajoutez du Tabasco® à volonté.

◆ Servez très chaud.

TEMPURA DE NAGRAND

Chevauchez votre griffon ou votre loup et cap sur Nagrand ! Région d'Outreterre située sur l'ancienne Draenor, Nagrand est considérée comme le plus beau paysage de World of Warcraft. Une terre fertile, des collines verdoyantes jumelées aux cascades qui jaillissent entre les pointes rocheuses… Si vous arrivez à esquiver les nombreuses bêtes sauvages et clans présents, tout est réuni pour y faire une halte et déguster la fameuse tempura de Nagrand afin de restaurer votre vie et votre mana *!*

PRÉPARATION • 45 min ◆ CUISSON • 5 min

◆ Dans un crâne d'orque ou un bol, battez l'œuf et l'eau glacée à l'aide d'un fouet. Incorporez la farine petit à petit, le paprika et le sel, puis ajoutez le glaçon.

◆ Décortiquez les gambas.

◆ Épluchez les légumes, taillez les carottes et la courgette en fines lamelles ; récupérez les sommités de brocoli.

◆ Dans un chaudron, faites chauffer de l'eau salée jusqu'à ébullition. Jetez dedans vos légumes, laissez-les 1 minute, le temps de réciter une incantation et déclencher le courroux d'Archimonde. Égouttez-les et séchez-les bien dans du papier absorbant.

◆ Faites chauffer de l'huile dans une friteuse ou une marmite à 180 °C.

◆ Trempez les gambas et les légumes dans la pâte afin de les envoûter et plongez-les 1 minute dans l'huile. Sortez les éléments frits, déposez-les sur du papier absorbant ou une peau de sabot-fourchu séchée, puis salez-les.

◆ Dans un bol, émulsionnez vivement la confiture d'abricots et l'huile d'olive à l'aide d'un fouet, ajoutez le piment d'Espelette. Servez les tempura immédiatement accompagnés de la sauce.

INGRÉDIENTS • 4 personnes

La pâte

1 œuf
100 g de farine
15 cl d'eau glacée
1 glaçon
1 cuil. à café de paprika
Sel
Huile pour friture

La garniture

8 gambas
2 carottes
1 courgette
200 g de brocoli

La sauce

1 cuil. à soupe de confiture d'abricots
10 cl d'huile d'olive
2 pincées de piment d'Espelette

Pasta du repaire de Miss Tick

Lorsqu'elle ne s'emploie pas à dérober le sou fétiche de Picsou, Miss Tick vit sur les pentes du Vésuve. Voici une recette bien de chez elle, apportant l'énergie nécessaire à l'élaboration d'obscurs desseins.

INGRÉDIENTS • 4 personnes

1 kg de moules
1 paquet de 500 g de spaghettis
250 g de tomates mûres à point
2 gousses d'ail
1 cuil. à soupe de persil frais ciselé
1/2 cube de bouillon de poisson
Huile d'olive
Sel et poivre

PRÉPARATION • 20 min ◆ CUISSON • 15 min

◆ Nettoyez les moules : pour cela, éliminez toutes celles dont les coquilles sont cassées ou ouvertes, puis grattez-les afin d'enlever toutes traces de coquillages et de filaments.

◆ Lavez les moules à grande eau pour les débarrasser de leur sable. Enfin, plongez-les dans une bassine d'eau froide et éliminez sans pitié celles qui flotteraient.

◆ Faites cuire les spaghettis dans un grand chaudron empli d'eau bouillante salée, égouttez, rincez pour ne pas qu'ils collent et réservez.

◆ Posez un second chaudron sur feu doux, versez dedans de l'huile d'olive et mettez-la à chauffer.

◆ Épluchez l'ail, coupez-le en morceaux puis jetez-les dans le chaudron en compagnie des moules, de 125 ml d'eau et du bouillon de poisson. Portez le tout à ébullition durant 5 minutes.

◆ Éliminez sans pitié les moules qui ne se seraient pas ouvertes. Filtrez le jus et décoquillez les coquillages.

◆ Rincez les tomates et coupez-les en petits dés.

◆ Remettez le jus dans le chaudron, ajoutez les tomates, les moules et les spaghettis, salez, poivrez, et laissez chauffer 2 minutes avant de servir bien chaud parsemé de persil fraîchement ciselé.

Poulet aux cerises des pays du froid

Dans le conte d'Andersen, lorsque Gerda part à la recherche de Kay, enlevée par la Reine des Neiges, elle arrive à une chaumière fascinante. La vieille femme qui y réside l'enjoint à rester et la laisse manger autant qu'elle veut des cerises qui poussent dans son verger. En effet, on trouve des cerises du Danemark, elles sont même l'élément central de cette recette traditionnelle !

INGRÉDIENTS • 4 personnes

4 cuisses de poulet
1 kg de pommes de terre
250 g de cerises dénoyautées
25 cl de jus de cerise
le jus de 1 citron
2 cuil. à soupe de jus d'orange
1 cuil. à soupe de miel
80 g de beurre
2 cuil. à soupe de gelée de groseille
Sel et poivre

PRÉPARATION • 15 min ◆ CUISSON • 50 min

◆ Dans une cocotte sur feu vif, faites revenir les cuisses de poulet avec la moitié du beurre jusqu'à ce qu'elles soient bien dorées sur toutes les faces, puis mouillez avec le jus de cerise, le jus d'orange, le miel et la gelée de groseilles. Laissez mijoter 25 minutes en arrosant régulièrement.

◆ Pendant ce temps, lavez et épluchez les pommes de terre, puis faites-les cuire à la vapeur (ou dans une casserole d'eau bouillante salée) 25 minutes environ, jusqu'à ce que la pointe d'un couteau tranchant pénètre aisément dans leur cœur.

◆ Ôtez les cuisses de poulet de la cocotte et réservez-les.

◆ Filtrez la sauce, déglacez la cocotte avec le jus de citron en grattant bien pour décoller les sucs de cuisson. Ajoutez le beurre restant, la sauce filtrée, les cerises et le poulet, et poursuivez la cuisson encore 5 minutes, juste le temps de réchauffer le tout.

◆ Servez bien chaud avec les pommes de terre cuites à la vapeur.

Pain d'épouvantail

Ce qui est pratique lorsqu'on est un épouvantail bien plus intelligent qu'on ne le pense, c'est qu'on retient toutes les recettes évoquées par le fermier. Et cela pourrait se révéler très utile lorsqu'on est perdu, en vadrouille, au beau milieu d'un monde étrange avec seulement quelques épis de maïs dans la manche et en compagnie d'une Dorothy aussi charmante qu'affamée.

PRÉPARATION • 5 min ◆ **CUISSON** • 35 min

◆ Préchauffez le four à 200 °C (th. 6-7).

◆ Tamisez la fécule, la farine, la levure et le sel dans un grand saladier. Ajoutez ensuite l'œuf puis l'huile, et délayez avec le lait.

◆ Si le long de votre chemin, vous avez rencontré quelque habitant au garde-manger bien garni, ajoutez alors les ingrédients suivants : la viande hachée, le vinaigre, le poivre, la moutarde, la sauce Worcesteshire et les poivrons découpés en lanières. Mélangez jusqu'à ce que la préparation soit bien homogène.

◆ Versez dans un moule à cake et enfournez pour 35 minutes. Laissez tiédir avant de servir.

INGRÉDIENTS • 1 pain

250 g de farine de maïs
250 g de fécule de maïs
25 cl de lait
1 œuf
½ sachet de levure chimique
4 cuil. à soupe d'huile de tournesol
1 pincée de sel

En option
200 g de viande hachée
1 bocal de poivrons marinés
4 cuil. à soupe de vinaigre de cidre
4 cuil. à soupe de poivre
4 cuil. à soupe de moutarde
4 cuil. à soupe de sauce Worcestershire

Tartines de Dorothy

Préparées avec les confitures de tante Em et le lait des chèvres d'oncle Henry, les tartines de Dorothy lui permettront ainsi qu'à son chien Toto de se nourrir jusqu'à ce qu'ils fassent la connaissance du bûcheron, du lion et de l'épouvantail.

INGRÉDIENTS • 8 tartines

8 tranches de pain d'épice
1 pot de confiture d'abricots
1 bûche de fromage de chèvre
(type sainte-maure)
1 brin de romarin

PRÉPARATION • 5 min

◆ Rincez le romarin, ôtez les feuilles de la branche et hachez-les finement. Enlevez la paille de la bûche de chèvre, puis coupez-la en tranches de 2-3 mm d'épaisseur.

◆ Étalez la confiture d'abricots sur les tranches de pain d'épice, disposez ensuite une tranche de fromage (ou plus selon la taille de la tartine et votre gourmandise) et parsemez de feuilles de romarin.

Momos tibétains de l'Ancien

Lors de son voyage au Tibet où il espérait un miracle, Steven Strange rencontre l'Ancien, un homme aux pouvoirs étranges. À la suite d'un parcours initiatique difficile, Strange prend conscience de ses erreurs passées et de certains pouvoirs qu'il possède à présent. Mais entre deux épreuves de sorcellerie, rien de mieux que de manger le plat tibétain typique avec son maître mystique !

PRÉPARATION • 45 min ◆ **CUISSON** • 15 min ◆ **REPOS** • 20 min

◆ Prenez place dans la cuisine de l'Ancien et équipez-vous d'un récipient. Dans ce dernier, versez 30 cl d'eau et le sel.

◆ À l'aide de vos nouveaux pouvoirs (ou avec un fouet), faites tourbillonner et incorporez la farine petit à petit. Pétrissez la pâte 5 minutes et laissez-la reposer, couverte d'un film alimentaire, durant 20 minutes.

◆ Émincez le chou chinois avec un sabre ou un couteau bien aiguisé. Épluchez et enlevez le germe de la gousse d'ail et hachez cette dernière. Pelez et ciselez l'échalote. Lavez et effeuillez les branches de coriandre et hachez.

◆ Dans un saladier, mélangez le bœuf avec tous les éléments de la farce. Salez et poivrez selon vos goûts mystiques.

◆ Formez des petites boules de pâte.

◆ Sur un plan de travail fariné, étalez la pâte et détaillez des disques avec un emporte-pièce. Déposez un peu de farce au milieu de chaque disque et refermez-les. Mouillez légèrement le bord des momos à l'aide de votre doigt pour les souder plus facilement.

◆ Faites-les cuire 15 minutes à la vapeur dans une marmite équipée d'une grille survolant le niveau de l'eau. Servez immédiatement.

INGRÉDIENTS • 4 personnes

La pâte
500 g de farine
1 cuil. à café de sel

La farce
400 g de bœuf haché
150 g de chou chinois
1 échalote
1 gousse d'ail
2 cuil. à soupe de sauce soja
3 branches de coriandre
1 cuil. à soupe de gingembre
Sel, poivre

CHAPITRE II

LES FESTINS DES GRANDS JOURS

CHIPS DE RAFIKI

Une recette traditionnelle de la Terre des Lions, parfaite pour accomoder le produit de la chasse, que Rafiki, le singe shaman des rois Lions, ne renierait pas.

INGRÉDIENTS • 4 personnes

500 g de viande de gnou (ou de rumsteck)
1 cuil. à soupe de graisse de flamant rose (ou de canard)
4 cuil. à soupe d'essence d'arbre-ombrelle (ou de sauce soja douce)
4 cuil. à soupe d'esprit de palmier-phœnix (ou de vinaigre de vin)
4 cuil. à soupe de café
2 cuil. à soupe de miel
2 cuil. à soupes d'épices pimentées douces (mélange pour barbecue)

PRÉPARATION • 10 min ◆ CUISSON • 4 h ◆ CONGÉLATION • 45 min
REPOS • 1 nuit

◆ Le shaman avertit le morceau de gnou que le Grand Lion lui a accordé 45 minutes dans l'endroit le plus froid qu'il puisse trouver pour faciliter sa découpe.

◆ Durant ce temps, il fait fondre la graisse dans un pot sur feu doux, ajoute l'essence d'arbre-ombrelle, l'esprit de palmier-phœnix, le miel et 2 cuillerées à soupe d'eau.

◆ Invoquant l'esprit de la savane, il fait bouillir tout cela le temps qu'il faut à un phacochère pour semer une hyène (environ 5 minutes de temps d'humains).

◆ Après avoir retiré le récipient de la source de chaleur, il ajoute le café, les épices et laisse refroidir dans une grotte cachée sous une cascade.

◆ Puis le sage demande à l'un des seigneurs de la savane de sortir ses griffes acérées pour tailler la viande dans le sens des fibres, en fines lanières. Il verse la sauce dans un plat, ajoute la viande et laisse mariner au frais une nuit entière.

◆ Le lendemain, il égoutte la viande et embroche les lanières sur les piques en bois d'acacia (les meilleures sont celles récupérées après le passage d'une famille d'éléphants). Le shaman dépose ces piques sur la grille du four, placée au plus haut, la lèchefrite étant au plus bas. Il peut alors glisser une tige (ou une cuillère en bois) à la charnière de la porte pour maintenir entrouvert. La viande sèche ainsi au moins 4 heures au four préchauffé à 65 °C (th. 2-3).

◆ Les chips de Rafiki se conservent au sec et se mangent durant la saison sèche lorsque les troupeaux ont disparu en même temps que les pluies…

Appâts pour sasquatch de Norbert Dragonneau

Dans son traité sur les animaux fantastiques rédigé à sa sortie de Poudlard, Norbert Dragonneau explique que le sasquatch est une créature particulièrement discrète mais friande de champignons – particulièrement, des pieds bleus. En plaçant ceux-ci bien en évidence à l'angle nord-ouest d'un croisement de chemins, vous multiplierez vos chances d'en attirer un. Et si vous réalisez cette recette... Ils ne pourront qu'y succomber.

PRÉPARATION • 10 min ◆ CUISSON • 10 min

◆ Préchauffez le four à 180 °C (th. 6). Vérifiez que tous les champignons sont comestibles, puis coupez la base terreuse.

◆ Brossez ensuite les pieds et les chapeaux en utilisant une brosse douce (ou une vieille brosse à dents) ou un sort de Nettoitout, puis essuyez-les avec un linge humide. Séparez les pieds des chapeaux.

◆ Épluchez l'échalote puis hachez-la menu avec les pieds des champignons. Mélangez ce hachis avec les rillettes, goûtez, salez et poivrez si besoin, et garnissez chaque chapeau de cette farce.

◆ Passez au four 10 minutes, côté garni vers le haut. Parsemez de persil ciselé et servez bien chaud.

INGRÉDIENTS • 4 personnes

8 gros champignons
100 g de rillettes
1 échalote
1 cuil. à soupe de persil fraîchement ciselé
Sel et poivre

MA SORCIÈRE BIEN-AIMÉE

Sucettes de Tabatha

Tabatha, la fille de Jean-Pierre et de Samantha, aime tellement ces sucettes qu'elle les fait régulièrement léviter depuis la cuisine, ce qui pose problème lorsque Mme Kravitz, la voisine, se trouve dans les parages...

INGRÉDIENTS • 6 personnes

3 grosses betteraves cuites (ou 4 moyennes)
1 fromage de chèvre très jeune
1 cuil. à soupe de jus d'orange
100 g de cerneaux de noix
Sel et poivre

PRÉPARATION • 15 min

◆ Discrètement, et en veillant à ne pas attirer l'attention de Mme Kravitz qui fait semblant de tailler sa haie, hachez les noix grossièrement.

◆ Épluchez les betteraves, découpez-les en cylindres en usant de vos pouvoirs ou d'un emporte-pièce cylindrique, ou d'un emporte-pièce pour pâte à modeler. Au cas où vous ne posséderiez rien de tout cela, taillez une large bande de bristol, roulez-la pour former un cylindre de 5 cm de diamètre que vous utiliserez pour former les tronçons de betterave.

◆ Évidez ensuite les cylindres à l'aide d'une petite cuillère (ou d'une cuillère à melon) et réservez.

◆ Mélangez les noix avec le fromage de chèvre écrasé, ajoutez un peu de jus d'orange afin de rendre l'ensemble plus souple, salez et poivrez.

◆ Remplissez de ce mélange les tronçons de betterave évidés, puis coupez-les en tranches de 3 à 4 mm d'épaisseur. Piquez dedans des bâtons de sucette et servez avant que Mme Kravitz ne tombe de son échelle.

Canapés endora

L'Amérique d'après-guerre rêve de paradis polynésiens, et l'ananas en boîte devient l'ingrédient incontournable pour donner une petite saveur hawaïenne aux dîners de fête. La famille Stephens n'échappe pas à cette déferlante : Endora, la mère de Samantha, adore ces canapés, oncle Arthur et tante Clara les ont adoptés en un rien de temps, quant à Tabatha, elle en raffole. Retenez bien cette recette, elle régale toutes les générations de sorciers !

INGRÉDIENTS • 6 personnes

6 tranches de pain complet
3 tranches de jambon fumé
6 fines tranches d'emmental
1 boîte d'ananas au naturel (ou au sirop)
1 boîte de cerises confites

PRÉPARATION • 5 min ◆ CUISSON • 2 min

◆ Si vous êtes entouré de sorciers, nul besoin d'utiliser vos mains : remuez le bout de votre nez, et le tour est joué !

◆ Égouttez l'ananas ; découennez le jambon.

◆ Déposez ensuite et, dans cet ordre, les ingrédients sur le pain : fromage, jambon et ananas.

◆ Coupez chaque tranche en quatre et passez-les quelques instants sous le gril du four, juste le temps que le fromage fonde et que l'ananas caramélise.

◆ Déposez une cerise confite au sommet de chaque canapé et servez.

LA TRILOGIE DE BARTIMÉUS

Sceptres ensorcelants

Si Mandrake et tous les magiciens des temps modernes utilisent rarement un sceptre, celui-ci n'en demeure pas moins un objet magique puissant et, à ce titre, fort respecté de la communauté magique. À réaliser pour votre prochain apéritif entre sorciers avertis.

INGRÉDIENTS • 4 personnes

1 sachet de gressins fins
1 boule de mozzarella
500 g de tomates-cerises de couleurs variées
1 cuil. à soupe de feuilles de thym frais (si possible thym citron)
Poivre du moulin (ou d'ailleurs)

PRÉPARATION • 10 min ◆ CUISSON • 5 min

◆ Rincez les tomates sous un filet d'eau claire, puis séchez-les avec soin (et aussi avec un torchon propre).

◆ Coupez la mozzarella en dés que vous ferez fondre dans un petit chaudron en mélangeant délicatement sur feu très doux jusqu'à ce que le fromage soit bien fondu.

◆ Ajoutez alors les feuilles de thym, poivrez (ne salez pas, le fromage l'est déjà). Piquez une tomate sur un gressin, trempez ensuite la tomate dans la mozzarella fondue et soulevez doucement.

◆ Enroulez les fils de fromage autour du gressin, et laissez refroidir dans un verre (vide). Servez avec précaution, prenez garde, ces sceptres sont très puissants !

Pommes vice versa

Ne vous fiez jamais aux apparences, la moindre chose peut dissimuler une surprise ou un piège, Bartiméus le sait bien, et ces sandwichs sont là pour vous le rappeler. Ce qui paraît n'est peut-être pas ce que vous croyez. Ce drôle de personnage là-bas, est-ce un humain ou bien un golem prêt à tout pour servir son maître ? Et cette curieuse amulette sur la poitrine du nouveau ministre ? Et ces pommes, à première vue sucrées et inoffensives, ne cachent-elles pas bien leur jeu ?

INGRÉDIENTS
• 20 sandwichs environ

4 pommes granny smith
Le jus de 2 citrons
250 g de fromage de type brie
4 cuil. à soupe de moutarde à l'ancienne
4 tranches de jambon d'York (fumé)

PRÉPARATION • 10 min

◆ Épluchez les pommes, ôtez les trognons avant de les couper en tranches de 2 mm environ. Déposez les tranches au fur et à mesure dans le jus de citron afin qu'elles ne s'oxydent pas.

◆ Découpez le brie en très fines tranches. Découennez le jambon puis taillez-le à l'aide d'un verre faisant office d'emporte-pièce.

◆ Égouttez les pommes, séchez-les à l'aide de papier absorbant ou d'un sort adéquat, et découpez-les à l'aide de l'emporte-pièce.

◆ Étalez ¼ cuillerée à café de moutarde sur la moitié des rondelles de pomme, posez dessus une tranche de brie, puis une tranche de jambon fumé, et recouvrez avec une seconde rondelle de pomme, pressez doucement. Pour plus de stabilité, n'hésitez pas à ficher des piques en bois afin de maintenir fermement le tout en place.

Hippogriffe en papillote

Les hippogriffes sont des créatures mi-aigle mi-cheval, puissantes et très intelligentes. Particulièrement fiers, ils ne peuvent être asservis et décident eux-mêmes de tolérer ou non la compagnie des sorciers. Ce qui leur vaut la haine farouche des mages noirs, lesquels ne se gênent pas pour les transformer en plat de fête… Enfin, s'ils parviennent à les attraper !

INGRÉDIENTS • 4 personnes

300 g de morceaux d'hippogriffe fraîchement exécuté
(ou 400 g de sauté d'autruche)
400 g de pommes de terre vitelotte
300 g de trompettes-de-la-mort
1 oignon
100 g de crème fraîche
80 g de beurre
60 g de gelée de groseilles
Sel et poivre

PRÉPARATION • 30 min ◆ CUISSON • 45 min

◆ Lors d'une nuit très sombre, préchauffez le four à 180 °C (th. 6), puis jetez un peu de beurre dans une marmite et faites revenir rapidement les morceaux d'hippogriffe sur feu très vif afin de les griller sur tous les côtés.

◆ Brossez les trompettes-de-la-mort pour retirer toute trace de terre, puis essuyez-les avec un linge humide.

◆ Épluchez l'oignon sans pleurer ni geindre, et coupez-le en lanières.

◆ Quand des lambeaux d'une brume obscure commencent à s'enrouler autour de vos pieds, étalez de grands morceaux de papier cuisson, et disposez quelques morceaux d'hippogriffe accompagnés de trompettes-de-la-mort et d'oignons. Salez, poivrez, ajoutez une noisette de beurre, sans oublier la gelée de groseille.

◆ Ignorez les cris qui commencent à monter en cette nuit de Samain, et fermez les papillotes en les repliant sur elles-mêmes en accordéon, pour que tous les bons arômes soient bien enfermés. Enfournez pour 45 minutes.

◆ Pendant que l'hippogriffe cuit, lavez, épluchez et taillez les pommes de terre. Plongez-les 40 minutes dans un grand chaudron d'eau bouillante jusqu'à ce qu'un couteau puisse entrer sans peine dans leur chair. Réduisez-les alors en purée et ajoutez la crème.

◆ L'hippogriffe est servi avec les trompettes-de-la-mort, la purée violette et la sauce rouge sang.

FESTINS DES GRANDS JOURS

HARRY POTTER

Petites tourtes au bœuf et aux rognons

Tout au long de ses aventures et de ses années passées à l'école des Sorciers, Harry se délecte de cette tourte réalisée avec soin dans les cuisines de Poudlard par les elfes de maison.

INGRÉDIENTS • 6 personnes

175 g de pâte feuilletée
200 g de pâte brisée
750 g de bifteck
1 rognon de bœuf
30 g de farine (ou de fécule de maïs)
125 g de champignons de la Forêt Interdite
le jus de 1 citron
1 oignon
30 g de beurre
2 cuil. à soupe d'huile
25 cl de bouillon de bœuf
13 cl de bière brune (sans alcool)
2 cuil. à soupe de sauce Worcestershire
1 cuil. à soupe de concentré de tomate
1 cuil. à café de thym émietté
1 feuille de laurier
1 jaune d'œuf

PRÉPARATION • 30 min ◆ CUISSON • 1 h 45

◆ Ôtez la membrane du rognon à l'aide d'un sortilège de Déshabillage, coupez-le en huit et éliminez les parties fibreuses et graisseuses.

◆ Taillez la viande en petits cubes. Versez la farine dans un sac de congélation, ajoutez la viande et le rognon, fermez et remuez afin d'enrober les morceaux.

◆ Après avoir vérifié que vos champignons sont comestibles (et qu'aucun ne mord), nettoyez-les. Épluchez-les, coupez-les en lamelles et versez dessus du jus de citron pour qu'ils ne noircissent pas.

◆ Faites chauffer l'huile et le beurre dans un chaudron à fond épais. Jetez-vous un sort d'Etanchœil pour peler l'oignon, émincez-le et faites-le fondre 5 minutes sur feu vif. Retirez-le et remplacez-le par la viande et le rognon. Ajoutez alors l'oignon, la sauce Worcestershire, le concentré de tomate, la bière, le bouillon, les champignons, le thym et le laurier. Portez à ébullition et laissez mijoter 1 heure.

◆ Préchauffez le four à 180 °C (th. 6). Étalez les deux pâtes. Garnissez 6 moules de pâte brisée jusqu'au bord puis remplissez-les de farce. Formez les couvercles dans la pâte feuilletée en veillant à ce qu'ils dépassent de 1 cm.

◆ Évidez-les dans leur centre pour que l'air puisse s'échapper. Fermez les tourtes et soudez les bords en appuyant légèrement (ou en jetant un sort de Colletout). Badigeonnez d'œuf battu et enfournez pour 45 minutes.

Il est possible de remplacer les rognons par du bœuf en petits dés ou haché.

POTAGE AU REGARD DE BASILIC DE LORD VOLDEMORT

Le Basilic, gigantesque serpent aux crochets acérés et venimeux, possède un regard meurtrier qui pétrifie quiconque croise son regard. Durant la deuxième année de Harry à Poudlard, l'un d'entre eux, introduit par Lord Voldemort, sème la terreur dans l'école.

PRÉPARATION • 10 min ◆ CUISSON • 45 min

◆ Nous, obéissant serviteur du Maître, rinçons le cresson et cassons les tiges.

◆ Puis nous lavons, pelons les pommes de terre, et nous délectons à les trancher par un sortilège de Secator.

◆ Nous allons tirer 1 litre d'eau mise à chauffer ensuite très fort dans un grand chaudron. Lorsque de gros bouillons apparaissent, nous y poussons les pommes de terre et les laissons cuire 35 à 40 minutes, jusqu'à ce que la pointe du grand couteau pénètre facilement leur chair.

◆ Nous ajoutons alors le cresson et poursuivons la cuisson 5 minutes, avant de mixer. Nous, serviteur du Maître, savons que la soupe au regard de Basilic doit être aussi verte que les écailles du Grand Serpent.

◆ Dans le même temps, nous faisons durcir les œufs 9 minutes précisément à l'eau bouillante. Nous les plongeons aussitôt dans l'eau glacée pour faire éclater leur coquille et nous les incisons délicatement afin d'extraire les jaunes bien ronds. Nous savons que le Maître est très attentif à ce détail !

◆ Nous coupons ensuite un côté du jaune d'œuf pour le faire tenir tranquille lorsqu'il sera posé dans l'assiette et émincons l'olive.

◆ Le jaune d'œuf une fois posé au centre d'une assiette creuse, nous versons la soupe à mi-hauteur tandis qu'une lanière d'olive posée dessus fait office d'œil. Nous, serviteur, nous hâtons alors de la servir.

INGRÉDIENTS • 4 personnes

4 œufs
1 grosse botte de cresson (ou, hors saison, différentes variétés de salades)
1 l d'eau
2 pommes de terre de taille moyenne
1 olive noire

Croquettes de l'isle des ganipodes

Ne vous risquez jamais à provoquer le courroux d'un magicien ou vous pourriez, comme certains, vous retrouver ensorcelés et attendre un bon moment avant que quelqu'un ne vienne rompre le charme. C'est ce qui est arrivé aux ganipodes (les habitants de l'une des îles de Narnia) : lassé d'entendre leurs perpétuelles pleurnicheries, un magicien qui vivait là les a laissés user de sa magie. Ils se sont métamorphosés en… je n'ose pas vous le dire… En tous cas il est préférable de cultiver l'amitié des sorciers, et ils feront de vos repas des régals. Comme celui qui fut servi sur cette île des mers chaudes et lointaines, à Caspian, Edmund, Lucy et Eustache, et dont cette recette est inspirée.

INGRÉDIENTS • 4 personnes

500 g de crabe
100 g de chapelure
1 avocat
1 citron
1 œuf
2 cuil. à soupe de fromage blanc
1 cuil. à soupe de moutarde à l'ancienne
1 cuil. à café de sauce Worcestershire
Huile neutre (pépins de raisin, tournesol…)
Sel et poivre

PRÉPARATION • 10 min ◆ CUISSON • 10 min ◆ REPOS • 1 h

◆ Décortiquez le crabe en veillant à ôter tous les morceaux de cartilage et de carapace, égouttez si nécessaire puis réservez dans un bol couvert.

◆ Mélangez la chapelure avec l'œuf, le fromage blanc, la moutarde et la sauce Worcestershire. Goûtez, salez et poivrez.

◆ Mélangez avec la chair de crabe, formez 8 palets, recouvrez-les d'un film alimentaire et laissez-les reposer 1 heure au frais.

◆ Épluchez et dénoyautez l'avocat. Coupez le citron en deux, taillez l'avocat en tranches, citronnez-les afin d'éviter qu'elles ne noircissent.

◆ Faites chauffer 1 cuillerée à soupe d'huile dans une poêle antiadhésive, puis faites revenir les croquettes de 3 à 5 minutes environ de chaque côté en fonction de leur taille. Servez avec l'avocat et un filet de jus de citron.

Enfants en croûte

Dans Le Fauteuil d'argent, *les géants du château d'Harfang apprécient particulièrement les enfants en croûte, un plat traditionnellement servi lors de la fête d'automne. Toutefois, faute de bambins conciliants, on a pris ici du veau !*

PRÉPARATION • 15 min ◆ CUISSON • 45 min

◆ Préchauffez le four à 180 °C (th. 6).

◆ Dans une poêle bien chaude, saisissez le rôti à l'huile sur toutes ses faces, puis laissez-le reposer.

◆ Rincez les feuilles de basilic, épongez-les à l'aide d'une serviette propre, et tant que vous y êtes séchez aussi le sol et le plan de travail.

◆ Avec un couteau aiguisé, coupez la mozzarella – et pas vos doigts ! – en tranches de 5 mm.

◆ Attrapez un large rouleau à pâtisserie, plaquez la pâte feuilletée sur le plan de travail comme vous le feriez d'un ennemi, étalez-la en un grand disque de 2 mm d'épaisseur.

◆ L'étape suivante est cruciale, concentrez-vous ! À 2 cm du bord de la pâte, disposez les tranches de jambon en ligne, au centre, jusqu'à 2 cm du bord opposé. Ajoutez dessus les rondelles de mozzarella, puis les tomates séchées et le basilic. Le tout doit former une ligne bien régulière – pas comme un groupe de géants des montagnes.

◆ Poivrez – atchoum ! – mais ne salez pas. Déposez le rôti sur votre jolie ligne. Mouillez légèrement les bords de la pâte, et rabattez le bas, le haut, et enfin les côtés. Pressez légèrement pour bien emmailloter le rôti. Retournez-le et badigeonnez toute la pâte avec un pinceau trempé dans le lait.

◆ Faites deux trous sur le dessus et à chaque extrémité afin que la vapeur puisse s'échapper. Enfournez pour 45 minutes avant que le roi et la reine des géants ne se mettent à table.

INGRÉDIENTS • 6-9 géants

1 rôti de veau de 800 g
250 g de pâte feuilletée (chez le boulanger-pâtissier)
6 tranches de jambon de Parme
100 g de mozzarella di bufala
6 tomates séchées
6 feuilles de basilic
1 verre de lait
Huile d'olive
Poivre

Potage des passeurs d'Aurore

Lorsque Caspian, roi de Narnia, escorté de Ripitchip la souris chevalier, Lucy, Edmund et Eustache, décide de partir à la recherche de seigneurs narniens disparus, il embarque à bord du bateau nommé Le Passeur d'Aurore. *L'équipage va vivre de nombreuses aventures en mer et sur terre, et devra se nourrir avec ce qu'il aura à bord et ce qu'il trouvera sur place. La soupe était l'un des régals d'Eustache… Enfin, avant qu'il ne se transforme en dragon ! Cette recette se réalise aisément à bord d'un bateau, avec les produits de la pêche et les réserves de la cale.*

INGRÉDIENTS • 4 personnes

500 g de palourdes
75 g de lard fumé
2 pommes de terre déjà cuites
50 g de crème fraîche
1 échalote
3 brins de thym
1 feuille de laurier
1 cuil. à soupe de farine
1 noix de beurre
Sel et poivre

PRÉPARATION • 15 min ◆ CUISSON • 25 min

◆ Récoltez les palourdes sur l'isle de Felimath, rincez-les avec soin et placez-les dans une marmite avec un verre d'eau. Laissez bouillir 2 minutes, le temps que les palourdes s'ouvrent, jetez celles qui restent fermées. Égouttez les palourdes en conservant le liquide, puis décoquillez-les.

◆ Filtrez le jus de palourde au travers d'une étamine. Émincez le lard et faites-le dorer quelques instants dans une poêle antiadhésive, ôtez le gras superflu et réservez sur du papier absorbant. Épluchez l'échalote, faites-la revenir 5 minutes dans le beurre sans laisser colorer, puis ajoutez le lard, le thym et le laurier avant que le bateau ne pénètre dans l'isle des Ténèbres.

◆ Saupoudrez de farine et laissez cuire 1 minute, en remuant sans cesse. Versez petit à petit le jus de palourde en remuant pour ne pas créer de grumeaux, puis ajoutez les morceaux de pomme de terre et laissez mijoter 10 minutes. Mixez en un potage bien lisse, ajoutez les palourdes et la crème fraîche, réchauffez 2 minutes, salez et poivrez, et servez.

<u>Note</u> : Ripitchip aime ajouter une poignée de salicornes à grignoter avec ce potage.

Galettes de sarrasin en illusion de truffes

Merlin, du château de Kaamelott, est l'enchanteur officiel du royaume de Bretagne. Très doué lorsqu'il s'agit de provoquer une catastrophe, il crée souvent plus de problèmes qu'il n'en résout. Susceptible et boudeur, il lui arrive de concevoir des potions efficaces même par le plus grand des hasards. Ses empoignades avec le mage Élias sont en passe de devenir légendaires.

INGRÉDIENTS • 4 personnes

4 galettes de sarrasin
600 g de topinambours
120 g de cerneaux de noix
4 cuil. à café d'huile à la truffe blanche
Sel et poivre
Lait

PRÉPARATION • 10 min ◆ CUISSON • 20 min

Ma Mie,

vous m'avez mandé de vous narrer les nouvelles du château, les voici.
Merlin nous a présenté une recette de son invention qui selon lui devait donner l'illusion parfaite de déguster des truffes alors qu'il n'y en aurait pas.
Nous nous sommes tous rassemblés, impatients d'assister à cette grande première, surtout Léodagan qui avait fort hâte de retourner à ses catapultes.
Merlin nous a donc dévoilé les ingrédients de sa galette de sarrasin, nous indiquant qu'il fallait briser les noix et éplucher les topinambours.
C'est à ce moment que Perceval a demandé si les truffes avaient un rapport avec les souliers. Karadoc s'est empressé d'éclairer son ami.
Cette interruption a un peu désarçonné Merlin qui s'est alors embrouillé. Leur échange s'est envenimé jusqu'à ce que Léodagan propose de les calmer à sa manière.
Merlin a alors donné la suite de la recette : faites réchauffer les galettes de sarrasin. Cuisez les topinambours dans du lait jusqu'à ce qu'ils soient tendres, égouttez, mixez en purée. Réduisez les noix en poudre très fine, mélangez à la purée de topinambours, ajoutez l'huile de truffe, salez, poivrez. Garnissez les galettes de purée, ajoutez quelques cerneaux et servez bien chaud.
Elias a taxé Merlin de charlatan et ils ont repris leur explication. C'est alors que le Roi Arthur s'est interposé, menaçant de les enfermer dans la même oubliette jusqu'au prochain solstice, tandis que Karadoc se sustentait des galettes en complimentant Merlin, « l'Oiseau rare ».

Votre affectionné, Bohort

Blob des marais

Les marais… Ces lieux sombres et moites bruissent de sons mystérieux et d'animaux étranges qui nous donnent la… chair de poule ! Alors aurez-vous assez de cran pour vous repaître d'un morceau de Blob des marais ? Qui sait ce qui se cache à l'intérieur, ou ce qu'il a pu avaler, avant de finir entre vos mains…

INGRÉDIENTS • 4 personnes

5 feuilles de brick
100 g d'œufs de lump
1 botte de radis
250 g de betterave rouge cuite
25 cl de crème liquide
50 g de beurre
½ feuille de gélatine
Sel et poivre

PRÉPARATION • 30 min ◆ CUISSON • 1 h 30

◆ Préchauffez le four à 180 °C (th. 6).

◆ Formez 20 cônes avec du papier d'aluminium. Étalez les feuilles de brick, badigeonnez-les de beurre fondu, puis coupez-les en quatre et roulez-les en cornet autour des cônes de papier d'aluminium.

◆ Enfournez côté jointure vers le bas pour 10 minutes en surveillant la cuisson : les cornets doivent être dorés et croustillants. Sortez-les du four, ôtez avec précaution les feuilles d'aluminium et laissez refroidir complètement.

◆ Pendant ce temps, battez la crème liquide très froide dans un saladier glacé jusqu'à ce qu'elle monte en chantilly.

◆ Faites ramollir la gélatine dans un bol d'eau tiède. Épluchez puis mixez les betteraves. Rincez les radis, coupez les fanes ainsi que les queues et détaillez-les en dés.

◆ Égouttez la gélatine et mélangez-la à la betterave, incorporez la crème fouettée et remuez jusqu'à ce que l'ensemble soit homogène. Ajoutez les radis.

◆ Goûtez, salez avec modération et poivrez généreusement. Garnissez les cornets de mousse de betterave et de radis, en terminant par 1 cuillerée à café d'œufs de lump.

À déguster avec vos meilleurs amis… enfin… si vous êtes bien certain que ce ne sont pas des créatures cherchant à vous piéger…

Spaghettis de Schtroumpfs moléculés

Dans La Soupe aux Schtroumpfs, *Gargamel énumère un nombre impressionnant de recettes dont les Schtroumpfs sont les principaux ingrédients. Voici l'une de celles qu'il gardait en réserve…*

PRÉPARATION • 15 min ◆ **CUISSON** • 45 min

◆ Écorchez les citrons à la râpe ou au couteau-économe pour prélever les zestes, puis roulez-les entre la paume et la table. Plongez-y la lame d'un couteau en plein cœur et tranchez-les tout en les pressant pour recueillir le jus.

◆ Déposez les morceaux de poulet dans un plat, versez dessus les deux tiers du jus de citron, ainsi que les zestes, couvrez et laissez mariner le temps de faire un sort aux Schtroumpfs.

◆ Attrapez les Schtroumpfs… Attention ! Trop tard… Essuyez vos yeux du poivre lancé par le Schtroumpf farceur et soignez vos doigts blessés par le marteau du Schtroumpf bricoleur, puis poussez Azraël de la fenêtre où il miaule en regardant quelque chose s'éloigner dans l'herbe. Ligotez les Schtroumpfs pour les empêcher de s'échapper et nettoyez-les en veillant à bien enlever les lunettes du Schtroumpf à lunettes. Une fois qu'ils sont bien attachés, faites-leur ingurgiter de force une potion philosophale afin de les transformer en spaghettis.

◆ Pendant qu'ils se transforment, faites chauffer autant d'huile d'olive que de beurre dans une poêle, jetez-y les morceaux de poulet égouttés. Faites cuire les escalopes (environ 4 minutes de chaque côté) en les arrosant régulièrement. Arrachez la peau de l'oignon, taillez-le en menus morceaux que vous ferez revenir 20 minutes avec le reste du jus de citron et un petit verre d'eau.

◆ Servez les spaghettis de Schtroumpfs tiédis quelques dizaines de secondes au micro-ondes, accompagnés des morceaux de poulet, des oignons compotés et parsemés de feuilles de persil. (Note de l'auteur : aucun Schtroumpf n'a été maltraité pour cette recette.)

INGRÉDIENTS • 4 personnes

150 g de Schtroumpfs vivants
(ou 150 g de bonbons-fils bleus)
4 escalopes de poulet (vous pouvez aussi utiliser des restes de poulet rôti)
2 citrons
1 oignon
1 poignée de feuilles de persil frais
Huile d'olive et beurre
Sel et poivre

Œufs de dragon

Méfiez-vous de vos pensées ! À penser comme un dragon, à avoir un caractère de dragon et, d'aventure, à dormir dans une caverne de dragon, vous pourriez bien vous réveiller un beau matin transformé en l'un d'eux. Imaginez votre tête si vous vous retrouviez recouvert(e) d'écailles, crachant du feu, volant et veillant sur des œufs comme ceux-ci !

INGRÉDIENTS • 4 personnes

5 œufs
500 g de pommes de terre
1 oignon
1 cuil. à soupe de feuilles de coriandre ciselées
Sel et poivre
Colorants alimentaires (jus de betterave, d'épinard, curry...)

Sauce béchamel
25 cl de lait
20 g de beurre
2 cuil. à soupe de farine
¼ de cuil. à café de curcuma
Sel et poivre

PRÉPARATION • 15 min ◆ CUISSON • 35 min ◆ REPOS • 30 min

◆ Préchauffez le four à 180 °C (th. 6). Lavez et épluchez les pommes de terre, et râpez-les finement. Faites de même avec l'oignon. Mélangez ensuite les pommes de terre, l'oignon et 1 œuf. Salez et poivrez. Répartissez ce mélange dans 8 moules à tartelettes en remontant un peu sur les bords de façon à former des nids. Enfournez pour 35 minutes.

◆ Pendant ce temps, faites cuire les œufs restants 9 minutes dans de l'eau bouillante, puis plongez-les dans l'eau glacée pour stopper leur cuisson. Tapotez chaque œuf avec le dos d'une cuillère afin de briser la coquille mais sans la détacher.

◆ Déposez chaque œuf dans un sac de congélation, versez ensuite quelques gouttes de colorant et 1 cuillerée à soupe d'eau afin que l'œuf soit entièrement immergé dans l'eau colorée. Laissez reposer 20 minutes.

◆ Sortez les œufs des sacs, écalez-les et plongez-les dans un sac contenant un autre colorant. Laissez reposer 10 minutes, puis sortez les œufs et égouttez-les sur du papier absorbant.

◆ Préparez la béchamel : faites fondre le beurre et, lorsqu'il commence à dorer, ajoutez la farine. Laissez cuire 2 minutes, puis versez le lait sans cesser de remuer pour éviter la formation de grumeaux. Salez, poivrez, ajoutez le curcuma et laissez cuire 5 minutes sur feu doux en remuant.

◆ Démoulez les nids de pommes de terre, garnissez-les de sauce puis d'un œuf coloré, et parsemez de coriandre.

Gigot d'agneau de l'auberge du Dragon Rouge

Un jour que le cuisinier préparait un gigot, l'auberge fut attaquée par une troupe de guerriers venus des glaces. La légende raconte qu'un petit groupe lutta vaillamment pour défendre leur peau, mais aussi leur repas ! Au cours du combat, un pot de sauce se renversa sur le gigot qui cuisait dans l'âtre. Une fois le calme revenu, les guerriers le goûtèrent et s'écrièrent qu'il était le meilleur qu'ils aient jamais dégusté !

INGRÉDIENTS • 6 personnes

1 gigot de 1,5 kg
1 carotte
1 oignon
2 gousses d'ail
2 cuil. de feuilles de romarin fraîchement cueilli
1 feuille de laurier
6 cuil. à soupe de miel
4 cuil. à soupe de vinaigre de cidre
2 clous de girofle
½ cuil. à café de cannelle en poudre
½ cuil. à café de cumin en poudre
½ cuil. à café de gingembre en poudre
Huile d'olive
Sel et poivre

PRÉPARATION • 10 min ◆ CUISSON • 7 h ◆ REPOS • 2 nuits

◆ Lorsque la nuit tombe sur les ruelles, que les gens de biens regagnent leurs foyers et que les autres sortent de leurs repaires, écrasez et mélangez les clous de girofle, la cannelle, le cumin et le gingembre. Frottez le gigot avec ce mélange, puis emballez-le d'un film alimentaire et laissez-le reposer une nuit entière au frais.

◆ Quand les rayons de l'aube caressent les toits de l'auberge, pelez l'ail et l'oignon (ôtez le germe), puis la carotte, et taillez le tout en lamelles.

◆ Faites chauffer de l'huile dans une grande marmite et saisissez le gigot sur toutes ses faces jusqu'à ce qu'elles soient colorées de toutes parts. Ôtez-le et réservez.

◆ Faites revenir 5 minutes l'ail, l'oignon et la carotte dans la marmite. Versez 50 cl d'eau et le vinaigre de cidre, puis le miel, salez, poivrez, en remuant jusqu'à ce que l'ensemble soit bien dissous. Ajoutez alors le laurier et le romarin.Remettez le gigot et laissez-le mijoter 7 heures sur feu doux, en le retournant toutes les heures et en l'arrosant régulièrement.

◆ Ôtez la marmite du feu et laissez refroidir complètement. Remisez au frais dans un endroit où aucun géant ne pourra déceler ce délicieux fumet. Le lendemain, réchauffez doucement le gigot, puis ôtez-le de la marmite. Filtrez le jus et servez avant que les dracs et les trolls ne s'impatientent trop et n'en viennent aux mains.

SAUMON FAÇON ÉTIENNE

Dans le Paris de la Belle Époque, Isabel et Griffont se retrouvent au domicile de ce dernier afin de dîner d'un délicieux saumon que leur a préparé Étienne, le majordome de Griffont. À la lumière des bougies, ils échangent leurs dernières informations concernant leur enquête qui porte sur un trafic d'objets magiques mais aussi sur un complot visant à déstabiliser l'équilibre précaire entre les fées et les dragons, le tout en écoutant religieusement les avis d'Azincourt, chat ailé et philosophe à ses heures perdues.

INGRÉDIENTS • 2 personnes

2 pavés de saumon avec la peau
1 carotte
1 courgette
1 blanc de poireau
1 citron
Huile d'olive
Sauce hollandaise (du commerce ou maison)
Sel et poivre

PRÉPARATION • 20 min ◆ CUISSON • 20 min

◆ Lavez et épluchez les légumes, puis taillez-les en fins bâtonnets. Pressez le citron et récupérez le jus.

◆ Versez un peu d'huile dans une poêle. Lorsqu'elle est bien chaude, ajoutez les légumes, un petit verre d'eau, mélangez bien, couvrez à demi et laissez cuire 15 à 20 minutes en fonction du croquant désiré et de la taille de vos bâtonnets.

◆ Pendant ce temps, rincez les pavés de saumon, essuyez-les à l'aide de papier absorbant, huilez-les légèrement puis salez et poivrez.

◆ Faites chauffer une poêle, déposez les pavés de poisson côté peau et laissez cuire environ 5 minutes selon leur taille : la cuisson est impeccable lorsque la peau du saumon est croustillante, la chair fondante à cœur et le dessus à peine cuit.

◆ Réchauffez la sauce hollandaise sur feu très doux. Ajoutez le jus de citron Servez le saumon côté peau sur le dessus, en compagnie des petits légumes et de la sauce à part.

Tarte à l'ail

Une délicieuse recette, idéale pour un banquet entre ennemis ou lorsque l'hiver arrive...

INGRÉDIENTS • 6 personnes

250 g de pâte brisée
(chez le boulanger-pâtissier)
100 g de lard fumé
2 œufs
300 g de petits-suisses nature
100 g d'ail nouveau
50 g de raisins secs
1 clou de girofle
Sel et poivre

PRÉPARATION • 15 min ◆ CUISSON • 1 h 15

◆ Préchauffez le four à 180 °C (th. 6).

◆ Lorsque les loups hurlent et chassent les cerfs autour du château, épluchez et dégermez l'ail nouveau, puis plongez-le dans une marmite d'eau bouillante avec le clou de girofle. Laissez cuire 30 minutes avant d'ôter le clou et d'égoutter avec soin.

◆ Pendant ce temps, faites revenir le lard fumé découpé en lanières dans une poêle sur feu vif jusqu'à ce que les morceaux soient bien dorés et croustillants. Mélangez l'ail, les petits-suisses, les raisins secs, les œufs et les lardons, salez peu (le lard est déjà salé) et poivrez généreusement.

◆ Étalez la pâte, foncez un moule, puis garnissez de purée d'ail. Enfournez pour 45 minutes et dégustez rapidement avant qu'un combat ne commence.

Sanglier des Carnutes

Préparé spécialement par les druides lors de leur assemblée annuelle dans la forêt des Carnutes, ce plat est aussi le festin idéal à préparer à l'automne, lorsque vous recevrez d'irréductibles Gaulois venus d'Armorique. À accompagner de potion magique !

INGRÉDIENTS • 4 personnes

300 g de filets de sanglier (ou toute autre partie assez épaisse pour y découper des tranches)
50 g de graines de moutarde (ou de moutarde à l'ancienne)
1 amphore de cervoise (1 bouteille de bière brune)
50 g de miel
3 cuil. à soupe d'airelles (canneberges)
3 oignons
50 g de beurre
2 cuil. à soupe d'un mélange de thym, romarin et persil fraîchement hachés
Sel et poivre

PRÉPARATION • 10 min ◆ CUISSON • 1 h 30

◆ Préchauffez le four à 220 °C (th. 7 -8). Préparez une sauce en mélangeant le miel et la moutarde, le sel, le poivre et les herbes fraîchement récoltées au lever du soleil.

◆ Massez la viande avec ce mélange, déposez dans un plat allant au four, versez un petit verre d'eau, ajoutez le beurre coupé en dés. Enfournez et laissez cuire le temps d'une causette entre druides (45 minutes environ) en arrosant régulièrement avec le jus.

◆ Épluchez les oignons à l'aide d'un couteau à lame d'argent, puis coupez-les en quartiers.

◆ Une fois la causette finie, versez la cervoise sur le sanglier et grattez la sauce tout autour avec une cuillère en bois afin de bien mélanger et décoller les sucs de cuisson. Ajoutez les morceaux d'oignon et remettez à cuire 30 minutes, le temps d'aller faire une petite cueillette pour le déjeuner.

◆ Revenez à temps pour disposer les airelles tout autour du sanglier en veillant à ce qu'elles baignent bien dans la sauce. Remettez au four 15 minutes ou le temps qu'il vous faudra pour vous vêtir de votre tunique la plus seyante.

◆ Sortez du four, laissez reposer 10 minutes le temps que le plus âgé des druides de l'assemblée fasse son discours et dégustez en chantant.

PORC RÔTI AUX LÉGUMES NELWYNS

Préparé spécialement par le courageux et loyal Willow Ufgood pour la fête du printemps où il espère être choisi comme nouvel apprenti par le grand Aldwin.

INGRÉDIENTS • 6 personnes

1 filet de porc de 1 kg
6 carottes
2 panais
2 oignons
2 gousses d'ail
1 cuil. à soupe de miel
6 feuilles de sauge
Huile d'olive
Sel et poivre

PRÉPARATION • 20 min ◆ CUISSON • 1 h 30

◆ Lavez les carottes et les panais, puis épluchez-les avant de les couper en rondelles.

◆ Épluchez et dégermez les gousses d'ail et les oignons, puis coupez-les en lamelles.

◆ Rincez les feuilles de sauge, ciselez-les.

◆ Faites colorer le rôti sur toutes ses faces dans une cocotte mise sur feu très vif avec un peu d'huile.

◆ Ajoutez ensuite les légumes, un verre d'eau et les feuilles de sauge, réduisez le feu et laissez cuire 1 heure. Remuez régulièrement en ajoutant un peu d'eau si nécessaire et en retournant le rôti toutes les 20 minutes.

◆ Au bout de 50 minutes de cuisson, retirez le couvercle de la cocotte, versez le miel, salez et poivrez et laissez finir de cuire sans remettre le couvercle.

Créature enténébrée

En y regardant bien, êtes-vous maintenant certain qu'il s'agit d'un tacos pimenté à la dinde ? Une créature bien plus redoutable n'a-t-elle pas pris sa place pendant que vous aviez le dos tourné ? Si des restes de dinde peuvent se transformer en un délicieux plat à déguster entre amis, qui sait de quoi d'autre ils sont capables...

PRÉPARATION • 10 min ◆ CUISSON • 1 h 20

◆ Rincez les piments, coupez-les en quartiers, et plongez-les 1 heure dans une grande casserole emplie d'eau bouillante.

◆ Filtrez, conservez le jus recueilli mais jetez la peau et les graines de piment. Épluchez les gousses d'ail et les oignons, dégermez l'ail.

◆ Mixez ensemble la chair de piment, l'ail, l'oignon, les amandes, les graines de sésame noir, les tomates et le quatre-épices, salez et poivrez.

◆ Versez la préparation dans une casserole sur feu très doux et délayez petit à petit avec le bouillon de poulet. Lorsque la consistance est crémeuse, ajoutez le cacao ainsi que les morceaux de dinde et poursuivez la cuisson 5 minutes encore.

◆ Réchauffez les tortillas 5 minutes au four. Garnissez les galettes de maïs de dinde, nappez de sauce et servez bien chaud.

Avertissement : ne lisez jamais cette recette trois fois de suite à la lumière d'une pleine lune, qui sait ce qui pourrait vous arriver...

INGRÉDIENTS • 4 personnes

300 g de restes de dinde désossée
4 tortillas
50 cl de bouillon de volaille
10 piments doux séchés
3 tomates
2 gousses d'ail
2 oignons
75 g d'amandes
50 g de cacao non sucré
2 cuil. à soupe de graines de sésame noir
1 cuil. à café de quatre-épices
Sel et poivre

Tartelettes de la Belle

Le premier soir, quand la Belle arrive au château de la Bête, son chagrin est si grand qu'elle refuse de se nourrir. Les cuisiniers invisibles déploient alors des trésors de créativité afin de lui rendre le sourire et l'appétit.

INGRÉDIENTS • 8 tartelettes

250 g de pâte brisée (chez le boulanger-pâtissier)
100 g de cèpes
le jus de 1 citron
3 échalotes
1 œuf
50 g de beurre
2 cuil. à soupe de mie de pain
Farine pour le plan de travail
Sel et poivre

PRÉPARATION • 15 min ◆ CUISSON • 45 min

◆ Il peut être un peu perturbant et dangereux de ne pas voir des serviteurs s'ils ont été ensorcelés et frappés d'invisibilité. C'est pourquoi il est recommandé de préparer vous-même cette recette.

◆ Préchauffez le four à 180 °C (th. 6).

◆ Étalez la pâte brisée sur un plan de travail fariné et découpez dedans des disques plus larges de 3 cm que le diamètre de vos moules à tartelettes.

◆ Foncez les disques de pâte dans les moules en festonnant les bords de manière à former des pétales de fleur. Garnissez le fond de papier cuisson, déposez dessus 1 cm de légumes secs et enfournez pour 25 minutes.

◆ Durant ce temps, coupez la base terreuse des champignons, brossez-les avec soin et nettoyez-les à l'aide d'un linge humide, puis coupez-les en lamelles.

◆ Épluchez les échalotes et hachez-les finement. Mélangez-les ensuite avec la mie de pain, l'œuf et le jus de citron. Salez et poivrez.

◆ Sortez les tartelettes du four et enlevez les papiers avec les légumes secs (conservez les légumes pour une prochaine utilisation). Garnissez les fonds de tarte avec le mélange haché, disposez ensuite dessus des lamelles de cèpe et badigeonnez de beurre fondu. Enfournez cette fois pour 20 minutes. Servez tiède.

Côtelettes de la Bête

Dans son étrange château où torches et candélabres sont tenus par des bras sortant des murs, la Bête refuse d'abord de se joindre aux repas de la Belle. Au fur et à mesure, l'affection naissant, ils partageront à la même table les plats que l'on affectionnait au XVIIe siècle, du temps de Mme Leprince de Beaumont, comme ces côtelettes d'agneau aux petits pois.

INGRÉDIENTS • 4 personnes

8 côtelettes d'agneau
500 g de petits pois frais
50 g de beurre

La sauce béchamel
100 g d'oignons nouveaux
50 cl de lait
2 cuil. à soupe de crème fraîche
30 g de beurre
30 g de farine
Sel et poivre

PRÉPARATION • 10 min ◆ CUISSON • 45 min

◆ Préchauffez le four à 230 °C (th. 7-8). Écossez les petits pois, puis faites-les cuire 45 minutes dans une grande casserole d'eau bouillante. Lavez et épluchez les oignons nouveaux, puis coupez-les en fines lanières.

◆ Faites bouillir 1 verre d'eau dans une grande casserole, plongez dedans les oignons et laissez-les cuire 10 minutes, puis baissez le feu et ajoutez 25 g de beurre. Poursuivez la cuisson 15 minutes encore, puis égouttez.

◆ Faites fondre le beurre restant, badigeonnez les côtelettes, placez-les dans un plat allant au four, et enfournez pour 20 minutes. Au bout de ce temps, enveloppez-les d'une feuille de papier d'aluminium et laissez-les reposer 5 minutes.

◆ Préparez la béchamel. Faites fondre le beurre dans une casserole, et lorsqu'il commence à dorer, ajoutez la farine. Laissez cuire 2 minutes, et versez le lait sans cesser de remuer pour éviter la formation de grumeaux.

◆ Ajoutez les oignons, salez, poivrez, et laissez cuire 5 minutes sur feu doux en remuant toujours. Liez avec la crème fraîche. Servez les côtelettes accompagnées de petits pois et de sauce.

◆ Que les plats apparaissent et disparaissent tous seuls de la table n'est finalement qu'une question d'habitude.

CHAPITRE III

LES GÂTEAUX & GOÛTERS MERVEILLEUX

L'ŒIL D'AGAMOTTO

Ainsi arrive la fin de la longue initiation du jeune disciple. Il est enfin prêt à contrer les forces du mal et le baron Mordo. Pour l'aider dans cette tâche, le docteur lui remet deux objets mystiques qui lui seront bien utiles : la cape de lévitation, et l'œil d'Agamotto, l'amulette aux pouvoirs divinatoires. Puisse celle-ci ne jamais tomber entre de mauvaises mains !

INGRÉDIENTS • 8 biscuits

La pâte

150 g de farine + un peu pour le plan de travail
75 g de sucre semoule
75 g de beurre
1 œuf
3 pincées de cannelle

La crème

12,5 cl de crème liquide à 30 % MG
125 g de mascarpone
50 g de chocolat blanc
1 cuil. à café de vanille en poudre

Le dressage

100 g de framboises

PRÉPARATION • 1 h ◆ CUISSON • 15 min ◆ REPOS • 30 min

◆ Préchauffez le four à 180° (th. 6).

◆ Dans un saladier, jetez la farine, le sucre et la cannelle. Grâce à la cape de lévitation, faites tourbillonner l'ensemble.

◆ Coupez le beurre en morceaux et incorporez-le à la farine. Frottez entre les doigts afin d'obtenir une fine semoule.

◆ Dans un bol, battez l'œuf puis incorporez-le à la pâte. Posez la cape de lévitation sur la pâte et laissez-la reposer 30 minutes au réfrigérateur.

◆ Sur le plan de travail fariné, étalez la pâte et détaillez 8 disques à l'aide d'un emporte-pièce.

◆ Avec les chutes, roulez des petites billes de pâte et placez-les sur tout le tour des disques.

◆ Enfournez pour 10 minutes, et laissez refroidir.

◆ Dans un bol, mettez la crème, le mascarpone et la vanille. En créant une tornade ou à l'aide d'un fouet, battez l'ensemble jusqu'à l'obtention d'une crème ferme.

◆ Faites fondre le chocolat grâce à la puissance mystique et incorporez-le délicatement à la crème.

◆ Dressez les amulettes d'Agamotto en disposant la crème de façon à former les yeux et les framboises pour faire l'iris.

Pommes empoisonnées

Délicieuses et irrésistibles... Ces pommes sont idéales si, comme la sorcière de Blanche-Neige, vous estimez que l'on n'est jamais aussi bien servi que par soi-même pour mener une vengeance à bien.

INGRÉDIENTS • 4 personnes

4 pommes granny smith
1 citron
500 g de fructose (rayon diététique)
Colorants alimentaires liquides bleu et noir

PRÉPARATION • 5 min ◆ CUISSON • 10 min ◆ REPOS • 15 min

◆ Dans votre laboratoire secret, invoquez quelques éclairs, histoire d'y voir plus clair, puis convoquez l'esprit du miroir.

◆ Rincez les pommes, ôtez les queues et plantez en plein cœur des pommes des rameaux ou des bâtonnets de bois en les enfonçant jusqu'à ce qu'ils soient bien fichés.

◆ Appuyez fermement sur le citron et roulez-le sous la paume de votre main, puis coupez-le en deux et récoltez son jus.

◆ Dans un chaudron aussi noir que votre âme, faites fondre le fructose avec le jus de citron et portez à ébullition. Lorsque le caramel est doré mais non encore cuivré, ajoutez 4 gouttes de colorant bleu pour 1 goutte de noir (selon les conseils du miroir).

◆ Mélangez et retirez du feu.

◆ Trempez les pommes dans le caramel en les enrobant totalement à la fois de sucre mais aussi de tout votre ressentiment.

◆ Déposez sur une assiette recouverte de papier cuisson et laissez refroidir totalement jusqu'à ce que le caramel soit aussi sec que votre cœur.

TARTINES POUR ENFANTS RÉCALCITRANTS

Lorsque les enfants Brown eurent admis que leur vie était plus douce en écoutant Nanny McPhee, elle leur fit servir cette tartine dont ils se régalèrent.

INGRÉDIENTS • 6 personnes

2 poires
125 g de noisettes concassées
30 g de raisins secs
6 œufs
50 g de beurre
40 g de miel
½ cuil. à café de cannelle moulue
6 tranches de pain de campagne

PRÉPARATION • 15 min ◆ CUISSON • 20 min

◆ Demandez à Mme Blatherwick d'éplucher les poires et de les couper en petits dés d'exactement 1,1 cm de côté.

◆ Partez à la recherche de la dernière poêle que les enfants Brown n'auront pas transformée en gong, et faites fondre la moitié du beurre. Versez le miel et laissez caraméliser quelques instants. Ajoutez alors les morceaux de poire, les noisettes, les raisins secs, ainsi que la cannelle. Mélangez doucement pour que le caramel enrobe tous les éléments.

◆ Laissez compoter 10 minutes, le temps de constater que les enfants Brown ont écouté vos conseils et jouent sagement au salon (sans sauter sur les banquettes, ni même repeindre le bébé).

◆ Brisez les œufs dans un bol et battez-les en omelette. Ajoutez la fin du beurre dans la poêle et versez les œufs battus, puis laissez prendre 2 ou 3 minutes avant d'agiter doucement pour que l'omelette n'attache pas.

◆ Le temps qu'Evangeline fasse griller les tartines, laissez cuire 5 à 8 minutes en tout, puis faites glisser l'omelette dans une grande assiette en la repliant comme un chausson.

◆ Découpez-la en six, faites glisser une part sur une tartine, ajoutez une cuillérée de compotée et dégustez en ignorant les chuchotements et gloussements des enfants qui soutiennent que ce matin encore votre visage était orné de verrues et d'une moustache… Ri-di-cu-le !

MARY POPPINS

Petits gâteaux aux framboises

Mary Poppins voue une véritable passion aux gâteaux à la framboise. Elle adore les déguster avec son ami Bert lorsqu'ils vont goûter à l'intérieur d'un des tableaux que ce dernier a dessiné.

INGRÉDIENTS • 16 gâteaux

100 g de compote de framboises (au rayon bébés)
2 œufs
80 g de beurre
80 g de farine
80 g de sucre semoule
½ sachet de levure chimique

PRÉPARATION • 15 min ◆ CUISSON • 8 min

◆ Préchauffez le four à 240 °C (th. 8).

◆ Tandis que Bert taille l'un de ses pastels, faites fondre le beurre puis laissez-le tiédir. Brisez les œufs dans un saladier, et battez-les rapidement. Afin de gagner en organisation, demandez au fouet de battre tout seul.

◆ Alors que Bert dessine une prairie verdoyante arrosée par un ruisseau glougloutant sous l'œil ravi des enfants, profitez-en pour tamiser la farine et la levure et mélangez le tout. Ajoutez le sucre et mélangez encore, versez le beurre fondu et mélangez toujours.

◆ Lorsque les enfants prétendent voir une course de chevaux traverser le tableau, versez une cuillerée de pâte dans chaque alvéole d'un moule à madeleines. Ajoutez ensuite une cuillerée à café de compote et recouvrez de pâte à madeleines en ne remplissant les alvéoles qu'aux deux tiers pour éviter les débordements.

◆ Enfournez pour 4 minutes, baissez la température à 180 °C (th. 6) et poursuivez la cuisson 4 minutes.

◆ Démoulez les madeleines et laissez-les refroidir juste le temps de prendre un parapluie, d'enfiler les manteaux et de sauter dans le tableau.

MARY POPPINS

Glace à la fraise

C'est bien connu, Mary Poppins est une nurse exemplaire. Avec elle, il est bien certain que les enfants n'iront pas danser une gigue endiablée sur les toits de Londres, acheter des douceurs dans une boutique invisible, faire du manège dans un tableau peint sur le sol ou glisser à l'envers sur la rampe de l'escalier. Vous pouvez être rassuré, rien de tout cela ne saurait arriver. Mais je vais vous confier l'un des secrets de Mary : rien de tel que cette merveilleuse glace à la fraise pour récompenser les enfants sages et faire en sorte qu'ils le restent… au moins pour un temps.

PRÉPARATION • 15 min ◆ CONGÉLATION • 1 nuit

◆ Rincez et équeutez les fraises, réservez 6 fraises que vous couperez en petits dés.

◆ Gardez le rythme et écrasez le reste des fraises afin de les réduire en purée.

◆ Versez le sucre dans une terrine et délayez-le avec l'eau de source et le jus de citron, mélangez bien.

◆ Incorporez ensuite la crème fouettée, la purée et les morceaux de fraise, et mélangez encore.

◆ Versez alors dans les moules à Esquimau ou 6 pots de yaourt, et laissez au congélateur toute une nuit ou jusqu'à ce que l'amiral Boom fasse tirer son canon.

INGRÉDIENTS • 6 glaces

500 g de fraises
Le jus de 1 citron
500 g de sucre semoule
500 g de crème fouettée
25 cl d'eau de source

Repoussoirs à ratisseurs

Les tristement célèbres ratisseurs s'étaient fait une spécialité de la traque des sorciers. Bien heureusement pour la communauté magique, un certain Dunbarion Bluemountain créa ces repoussoirs, permettant de rendre un sorcier totalement indétectable aux yeux des ratisseurs chassant dans les environs.

INGRÉDIENTS

• 20 repoussoirs environ

1 kg de tomates bien mûres
2 cuil. à soupe de vinaigre balsamique
8 feuilles de gélatine
200 g de sucre pétillant

PRÉPARATION • 15 min ◆ RÉFRIGÉRATION • 2 h

◆ Rincez les tomates à grande eau sans inonder votre laboratoire.

◆ Lancez un sort de Soufflegeyser (ou utilisez une casserole d'eau bouillante), plongez les tomates 2 minutes dans l'eau bouillante, puis mixez-les.

◆ Filtrez avec soin le jus, il ne doit contenir ni feuilles ni morceaux de baguette.

◆ Versez ce jus dans un chaudron homologué, ajoutez le vinaigre balsamique et faites chauffer doucement en incorporant les feuilles de gélatine une à une. Lorsque la gélatine est totalement dissoute, versez dans un plat tapissé de papier cuisson et laissez reposer 2 heures au frais.

◆ Versez le sucre pétillant dans un bol.

◆ Démoulez la plaque de pâte de tomates sur un plan de travail recouvert de papier cuisson. Taillez des petites plaques de 4 cm de côté et roulez-les dans le sucre pétillant.

◆ Conservez les repoussoirs à l'abri de l'humidité et consommez dès que nécessaire.

Tarte à la mélasse

Peu importe que vous deviez aller affronter un dragon récalcitrant lors d'un tournoi entre sorciers ou que vos meilleurs amis se disputent, faites comme Harry : dégustez une part de tarte à la mélasse et oubliez vos soucis jusqu'à ce qu'il ne reste plus une miette…

INGRÉDIENTS • 8 personnes

La pâte
200 g de farine
100 g de beurre
1 œuf
1 pincée de sel

La garniture
45 cl de golden syrup (au rayon produits du monde)
150 g de chapelure (ou de corn flakes non sucrés)
60 g de beurre
Le jus de 1 citron

PRÉPARATION • 20 min ◆ CUISSON • 1 h ◆ REPOS • 30 min

◆ Tamisez la farine dans un saladier avec 40 g de beurre coupé en morceaux et mélangez du bout des doigts. Lorsque le mélange est sableux, ajoutez l'œuf et le sel, et 3 ou 4 cuillerées à soupe d'eau du lac recueillies par une nuit étoilée. Mélangez bien, roulez en boule, couvrez d'un film alimentaire et laissez reposer 30 minutes au réfrigérateur.

◆ Préchauffez le four à 180 °C (th. 6).

◆ Étalez la pâte sur une épaisseur de 2 mm et déposez-la dans un cercle à tarte beurré. Piquez le fond à l'aide d'une fourchette ou d'un sort de Roule-Oursin. Posez une feuille de papier cuisson sur la pâte, couvrez-la de légumes secs et enfournez pour 20 minutes.

◆ Enlevez ensuite la feuille de papier cuisson et les légumes secs.

◆ Baissez la température du four à 160 °C (th. 5-6).

◆ Dans un petit chaudron sur feu doux, faites fondre le golden syrup, puis ajoutez le beurre coupé en morceaux et le jus de citron. Hors du feu, incorporez la chapelure ou les corn flakes, mélangez et versez sur le fond de tarte.

◆ Faites cuire 20 minutes au four, baissez la température à 140 °C (th. 4-5) et poursuivez la cuisson encore 15 à 20 minutes, jusqu'à ce que la tarte soit dorée et l'intérieur moelleux.

◆ Laissez refroidir et servez avec de la crème fouettée.

Croquettes de loup-garou

Un loup-garou ne dédaigne jamais un bon repas bien croustillant. L'idéal, ce serait bien sûr un « vrai » repas de loup-garou, un humain bien frais et juteux, par exemple. Mais, à défaut, ces croquettes sucrées au jus sirupeux lui font aussi se lécher les babines.

INGRÉDIENTS • 4 personnes

200 g de sablés
30 g de beurre fondu
200 g de chocolat noir
200 g de crème fouettée sucrée
1 bocal de cerises noires au sirop (griottes...)

PRÉPARATION • 10 min ◆ CUISSON • 15 min ◆ REPOS • 15 min

◆ Commencez par écrabouiller les sablés dans une terrine jusqu'à ce qu'ils soient réduits en poudre très fine. Ensuite mélangez-les avec le beurre fondu, puis placez 4 cercles à pâtisserie de 8 cm de diamètre sur des assiettes et tassez la poudre de biscuit à l'intérieur pour former des socles. Laissez les assiettes au frais durant 15 minutes.

◆ Faites fondre doucement le chocolat et laissez-le tiédir. Puis mélangez-le à la crème fouettée sans oublier de goûter et d'ajouter du sucre si nécessaire. Placez au frais avec les biscuits.

◆ C'est à ce moment-là qu'il faut égoutter les cerises et surtout bien garder le jus pour le verser dans un petit chaudron pour faire bouillir très fort pendant 15 minutes : le jus devient épais et sirupeux.

◆ Sortez les biscuits du frais, retirez les cercles et disposez les cerises sur les biscuits, en rond comme sur une tarte (conservez-en quelques-unes pour la décoration).

◆ Prenez la poche à douille (ou un sac congélation dont vous aurez coupé un angle), remplissez de crème fouettée et formez sur les cerises des dômes de chocolat bien rebondis. Disposez ensuite le reste des cerises sur les dômes en appuyant un peu pour qu'elles ne tombent pas. Terminez en versant une généreuse cuillerée de sirop sur chaque dessert. Servez sans attendre.

SOUVENIRS DE NATHANIEL

Avant d'être connu sous le nom de John Mandrake, plus jeune ministre de tous les temps, Nathaniel était un petit garçon aimant les sucreries comme tous les enfants de son âge, à ce détail près qu'il était génialement doué pour la magie. Alors quoi de mieux que des baguettes magiques gourmandes pour se remémorer, comme par magie, la douceur de l'enfance ?

INGRÉDIENTS • 10 sucettes

250 g de chair de potiron (congelée si hors saison)
250 g de farine + un peu pour le plan de travail
100 g de beurre
1 cuil. à soupe de noisettes en poudre
2 cuil. de sirop d'érable
1 pincée de sel
1 jaune d'œuf pour la dorure

PRÉPARATION • 20 min ◆ CUISSON • 45 min ◆ REPOS • 15 min

◆ Faites cuire la chair de potiron 25 minutes à la vapeur, jusqu'à ce que la pointe d'un couteau y pénètre aisément, puis déposez-la dans une passoire posée dans l'évier et laissez égoutter.

◆ Tamisez dans une jatte la farine, le sel et la poudre de noisettes, 12 cl d'eau tiède et le beurre coupé en dés, puis mélangez. Pétrissez jusqu'à obtenir une pâte homogène et non collante en ajoutant si besoin un peu d'eau ou de farine. Enveloppez la pâte dans un film alimentaire et laissez-la reposer 15 minutes au frais.

◆ Durant ce temps, préchauffez le four à 180 °C (th. 6) et écrasez la chair de potiron pour la réduire en purée. Ajoutez le sirop d'érable.

◆ Saupoudrez un plan de travail de farine, étalez finement la pâte (2 mm environ) et découpez dedans les formes de votre choix à l'aide d'un emporte-pièce. Déposez ensuite 1 cuillerée à café de purée de potiron au centre, placez un bâtonnet de sucette, recouvrez d'une seconde forme, et soudez les bords en les pressant doucement avec la fourchette.

◆ Déposez les sucettes sur une plaque à pâtisserie, badigeonnez-les d'un peu de jaune d'œuf et enfournez pour 25 minutes : elles doivent être dorées mais pas cuivrées.

DESSERT DES DJINNS (voir photo p. 124)

Comment Bartiméus s'est-il retrouvé à confectionner des petits gâteaux pour un sorcier mal embouché ? Il a été envoyé dans ce camp de redressement pour djinns désobéissants par le grand roi Salomon – fleurie soit sa barbe ! Le roi s'est montré un peu dur avec Bartiméus en le qualifiant de djinn rebelle et insupportable. Après tout, techniquement il n'a pas formellement désobéi à son ancien maître. Est-ce sa faute si ce magicien avait oublié de lui interdire de le dévorer ?

PRÉPARATION • 15 min ◆ CUISSON • 15 min

◆ Préchauffez le four à 150 °C (th. 5).

◆ En essayant d'oublier que ce magicien Khaba le Cruel a vraiment un air idiot, faites fondre le beurre dans une poêle chaude puis ajoutez les dattes et les graines de sésame. Laissez chauffer 5 minutes sur feu doux et réservez.

◆ Tamisez la farine et la levure, ajoutez le sel, puis le beurre en pommade et pétrissez le tout. Incorporez l'œuf, puis le lait, et mélangez encore jusqu'à obtenir une pâte lisse et souple.

◆ Prélevez une petite boule, tenez-la dans la paume de votre main, et à l'aide d'une cuillère formez un trou en son centre. Garnissez de compote de dattes et refermez. Procédez ainsi jusqu'à épuisement des ingrédients.

◆ Déposez les boulettes sur un papier cuisson, badigeonnez de lait, et enfournez pour 15 minutes. Profitez-en pour sortir discrètement prendre l'air avec les autres djinns. Dévorez.

INGRÉDIENTS
• 20 biscuits environ

200 g de dattes écrasées
1 kg de farine
1 œuf
250 g de beurre + un peu pour les dattes
25 cl de lait + un peu pour la pâte
30 g de beurre
½ sachet de levure chimique
2 cuil. à soupe de graines de sésame grillées
1 pincée de sel

Grenouilles au chocolat

À bord du Poudlard Express, Ron fait découvrir à Harry les confiseries magiques. C'est en ouvrant une boîte de chocogrenouilles que ce dernier découvre à l'intérieur une carte représentant Albus Dumbledore, le célèbre directeur de Poudlard. Ces grenouilles sont une douceur incontournable du monde des sorciers, il faut juste veiller à ce qu'elles ne sautent pas trop loin.

INGRÉDIENTS • 6 personnes

80 g de guimauves (Chamallows®)
50 g de chocolat au lait
50 g de chocolat noir

PRÉPARATION • 20 min ◆ REPOS • 3 h

◆ Brisez les chocolats en gros morceaux à l'aide d'un sort de Cassedur. Emplissez un chaudron grand modèle d'eau claire, puis placez un petit chaudron dessus en veillant à ce que le niveau d'eau soit toujours suffisant et que la base trempe dedans.

◆ Mettez les morceaux de chocolat dans le petit chaudron et faites fondre sur feu doux. Lorsque le chocolat forme un ruban lisse, répartissez-le soigneusement dans les moules en forme de grenouille en utilisant un sortilège de Lévitation, puis retournez les moules sur un papier cuisson afin que le surplus de chocolat s'écoule. Laissez ensuite les grenouilles 30 minutes dans un endroit très frais.

◆ Faites doucement fondre la guimauve avec un peu d'eau jusqu'à obtenir une crème lisse.

◆ Sortez les grenouilles, garnissez l'intérieur de guimauve fondue en lissant avec une cuillère et laissez à nouveau au frais au moins 2 heures (plus les grenouilles restent au froid, meilleures elles sont).

◆ Faites fondre le reste de chocolat, recouvrez-en délicatement les grenouilles en lissant et réservez 30 minutes au frais.

◆ Démoulez avec précaution avant de prononcer le sort de Gigotage pour donner vie aux grenouilles.

Pain de route des elfes (Lembas)

Enveloppés dans de longues feuilles, ces biscuits à la fois réconfortants et nourrissants permettent aux Elfes et à leurs amis de survivre dans les contrées désertiques. Ce sont ces biscuits qui permirent à Frodon et à Sam de traverser le Mordor afin de jeter l'Anneau dans la Montagne du Destin et ainsi de vaincre Sauron.

INGRÉDIENTS

• 20 biscuits environ

500 g de farine
25 cl d'eau recueillie sur les feuilles d'un arbre d'or
250 g de sucre blond (vergeoise blonde)
120 g de fruits secs au choix (raisin, figues, pomme...)
120 g de fruits à coque au choix (amandes, noix, noisettes...)
1 pincée de sel

PRÉPARATION • 20 min ◆ CUISSON • 20 min

◆ Préchauffez le four à 180 °C (th. 6).

◆ Dans une jatte cuite durant deux équinoxes, tamisez la farine puis ajoutez le sucre, l'eau et le sel. Mélangez bien afin d'obtenir une pâte lisse et homogène.

◆ Brisez la coque des noix, noisettes et amandes, recueillez les fruits et cassez-les en petits morceaux. Coupez alors les fruits secs en dés d'environ 1 cm.

◆ À l'aide d'un rouleau à pâtisserie, étalez la pâte sur une épaisseur de 1 cm, sans oublier ensuite de la piquer avec une fourchette pour éviter la formation de bulles durant la cuisson.

◆ Découpez-la en carrés larges comme une demi-paume (environ 5 cm).

◆ Placez les biscuits sur un papier cuisson, puis répartissez dessus les fruits et les noix. Enfournez pour 10 minutes. Puis, à l'aide d'un pinceau, mouillez le dessus des biscuits d'un peu de rosée recueillie sur les feuilles d'un arbre d'or pour qu'une jolie croûte se forme, et laissez cuire encore 10 minutes.

◆ Laissez le pain de route refroidir avant de l'emballer.

Anneaux de prisonniers

Sonnez trompettes et battez tambours ! Faites place au grand Jafar ! Que tous se prosternent devant lui, ou ils finiront enchaînés ! D'ailleurs, le grand Jafar aime tout particulièrement ces délicieux petits gâteaux dont la forme rappelle si bien celle des fers de ses prisonniers…

INGRÉDIENTS
• 20 anneaux environ

325 g de farine
250 g de miel liquide
2 blancs d'œufs
60 g de beurre
30 g de noisettes brisées
1 sachet de levure chimique

PRÉPARATION • 15 min ◆ CUISSON • 20 min

◆ Envoyez votre plus fidèle serviteur allumer le four à 210 °C (th. 7).

◆ Dans un pot dont vous aurez ôté toute trace de poison (on est jamais trop prudent !), mélangez la farine et la levure tamisées avec le miel.

◆ Saisissez-vous d'un fouet et battez férocement les blancs d'œufs. Lorsque la neige est ferme, ajoutez le beurre fondu au soleil de midi et mélangez doucement.

◆ Versez la neige sur le mélange farine-miel et pétrissez jusqu'à ce que la pâte soit lisse et n'oppose plus de résistance (si elle colle un peu, jetez-lui un peu de farine ; si elle est trop épaisse, faites-lui boire une cuillerée d'eau).

◆ Prélevez une noix de pâte, aplatissez-la sous votre main et plantez en son centre le manche d'une cuillère en bois en veillant à bien transpercer la pâte. Faites alors tourner le manche pour que le trou s'agrandisse. Tournez plus vite jusqu'à ce qu'un anneau se forme et parsemez de noisettes. Procédez ainsi jusqu'à épuisement de la pâte.

◆ Faites alors cuire les biscuits 15 à 20 minutes sur un papier cuisson, jusqu'à ce qu'ils soient brun doré.

◆ Une fois qu'ils sont froids, enfilez-les sur votre ceinture ou sur un lacet à porter en bandoulière, vous pourrez ainsi combler un petit creux sans avoir à descendre de cheval ou à fouiller dans les sacoches de votre tapis volant.

Délices de la lampe

C'est vrai que passer 1 001 nuits dans une lampe permet d'avoir le temps de perfectionner ses recettes. Foi de génie, tu me diras des nouvelles de ces petites merveilles venues d'Orient !

PRÉPARATION • 20 min ◆ CUISSON • 15 min ◆ REPOS • 15 min

◆ Les caravaniers traversent le désert en portant leurs chameaux pour déguster ces gâteaux ! À toi, mon Ami, je vais t'en révéler le secret.

◆ Tu prépares la pâte en frottant la farine tamisée, le beurre et le sucre semoule jusqu'à ce que l'ensemble prenne l'apparence du sable des dunes. Alors, tu ajoutes la cannelle et le sucre glace, et tu laisses reposer le temps d'aller respirer – et récolter – les roses du sultan.

◆ Tu passes les amandes au feu sans laisser ton esprit s'égarer, sinon ça brûle ! Et quand elles ont pris la couleur du sable de l'oasis au lever du soleil... Comment ? Tu n'as jamais admiré l'oasis au lever du soleil ? Fais-moi penser à t'y emmener. Donc, quand les amandes sont dorées, tu les réduis en poudre et tu les mélanges avec le sucre, la cannelle, l'eau de fleur d'oranger et les pétales de rose. Puis tu formes des petites boules.

◆ Tu allumes ton four à 180 °C (th. 6).

◆ Avec un rouleau ou un tapis serré, tu aplatis la pâte et tu découpes des disques. Sur la moitié d'entre eux, tu places une noix de farce, et pour que cette facétieuse ne s'échappe pas, tu la recouvres d'un second disque en soudant les bords. Il ne te reste plus qu'à faire cuire tes petits gâteaux environ 15 minutes au four.

◆ Attention, mon Ami, veille à ce qu'ils restent blonds. Sinon ils durciraient tels les cailloux des bords de l'oasis au lever du soleil. Tu ne connais toujours pas ? Eh bien, nous irons demain en tapis !

INGRÉDIENTS
• 20 délices environ

La pâte
500 g de farine
200 g de beurre ramolli
3 cuil. à soupe de sucre semoule
1 cuil. à café de cannelle en poudre
2 cuil. à soupe de sucre glace

La farce
500 g d'amandes effilées
200 g de sucre semoule
1 cuil. à café de cannelle
1 cuil. à soupe d'eau de fleur d'oranger
50 g de pétales de rose cristallisés

SOUS FÉTICHES DE MISS TICK

À défaut de parvenir à voler le sou fétiche de Picsou, Miss Tick se console en grignotant ceux-ci.

INGRÉDIENTS • **4 personnes**

250 g de farine de châtaigne
130 g de beurre
130 g de sucre glace
60 g d'amandes en poudre
1 gousse de vanille
1 pincée de sel
1 jaune d'œuf pour la dorure

PRÉPARATION • **10 min** ◆ **CUISSON** • **20 min** ◆ **REPOS** • **15 min**

◆ Étalez la farine en une couche très fine dans une poêle antiadhésive, puis faites-la torréfier quelques instants sur feu vif (2 à 5 minutes selon l'épaisseur de la couche).

◆ Laissez refroidir la farine, puis tamisez-la au-dessus d'une jatte et mélangez-la avec le sucre glace, le beurre ramolli, le sel et la poudre d'amandes.

◆ Coupez la gousse de vanille en deux dans le sens de la longueur, grattez les graines avec le dos d'un couteau et ajoutez-les au mélange.

◆ Étalez la pâte entre deux feuilles de papier cuisson jusqu'à ce qu'elle atteigne l'épaisseur d'un florin de bon aloi (environ 3 mm), placez ensuite les feuilles et la pâte 15 minutes au frais afin de la raffermir.

◆ Préchauffez le four à 160 °C (th. 5). Découpez des disques dans la pâte avec un verre ou un emporte-pièce circulaire, et placez-les sur une plaque à pâtisserie. Badigeonnez d'œuf battu et enfournez pour 12-15 minutes jusqu'à ce que vos biscuits soient bien dorés.

MÉLUSINE

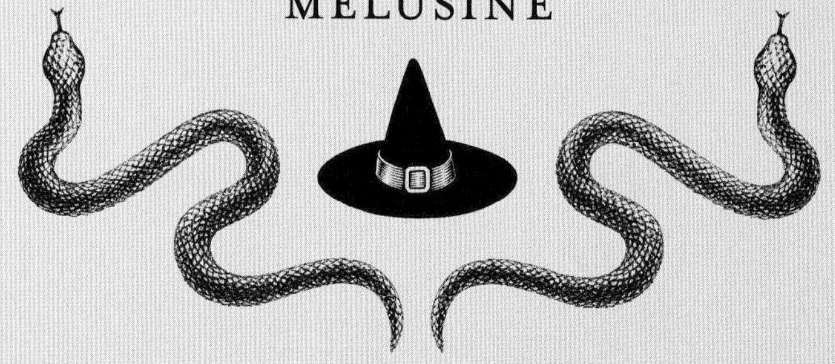

Biscuit de la fée Mélusine

La fée Mélusine, condamnée chaque samedi à se changer en femme-serpent, et à rester hors du regard de son mari, s'ennuie un peu en ses terres du Poitou. Quoi de mieux que de confectionner un délicieux broyé poitevin pour enchanter sa journée ?

PRÉPARATION • 15 min ◆ **CUISSON** • 45 min ◆ **RÉFRIGÉRATION** • 30 min

◆ Mettez les pruneaux à gonfler dans un bol d'eau tiède durant 30 minutes. Dans une jatte, battez l'œuf avec le sucre jusqu'à ce que le mélange blanchisse, puis ajoutez le beurre et mélangez vivement. Tamisez la farine, la levure et le sel, puis ajoutez-les et mélangez encore. Formez une boule avec la pâte, entourez-la d'un film alimentaire et placez-la au frais durant 30 minutes.

◆ Pendant ce temps, égouttez les pruneaux, puis placez-les avec le sucre dans une casserole posée sur feu doux. Laissez compoter 15 minutes en écrasant à la fourchette pour obtenir une purée grossière.

◆ Préchauffez le four à 190 °C (th. 6-7). Sortez la boule de pâte du réfrigérateur et divisez-la en deux parts égales. Étalez les morceaux à l'aide d'un rouleau de manière à former deux disques d'environ 20 cm de diamètre.

◆ Placez une feuille de papier cuisson sur une plaque à pâtisserie et posez dessus le premier disque de pâte. Étalez ensuite dessus la compote de pruneaux jusqu'à environ 1,5 cm des bords.

◆ Badigeonnez la bordure d'un peu d'eau, puis recouvrez la compote avec le second disque de pâte. Pressez légèrement les bords afin de les souder au mieux et que la compote ne puisse s'échapper (au besoin, utilisez les dents d'une fourchette). Badigeonnez le dessus de jaune battu et enfournez pour 30 minutes. Laissez entièrement refroidir, brisez le biscuit et dégustez au soleil de minuit.

INGRÉDIENTS • 6 personnes

200 g de pruneaux dénoyautés
125 g de beurre ramolli
1 œuf + 1 jaune pour la dorure
100 g de sucre semoule + 1 cuil. à soupe
250 g de farine
1 cuil. à café de levure chimique
1 pincée de sel

Patacitrouilles

Les patacitrouilles sont l'une des friandises favorites des sorciers. Dégustées depuis toujours, à la maison par toute la famille, et dans les écoles de magie par des générations d'élèves, on murmure que certain professeurs les aiment au point d'en faire l'un de leurs mots de passe favoris ! Traditionnellement préparées avec amour pour halloween, concoctez-les en combinant différentes variétés de courges : un vrai délice !

INGRÉDIENTS • 500 grammes

250 g de chair de potiron (rouge d'Étampes, galeux d'Eysines...)
325 g de sucre à confitures
1 filet de jus de citron
Un peu de sucre semoule pour le dressage

PRÉPARATION • 5 min ◆ CUISSON • 10 min ◆ REPOS • 2 h

◆ Enfilez vos gants de protection, puis, à l'aide d'un sort de Coupetout, ôtez l'écorce du potiron. Découpez ensuite la chair en morceaux et mixez-les rapidement.

◆ Placez une petite assiette au congélateur ou jetez-lui un sort de Fige-gla-gla de niveau 3.

◆ Versez le potiron, le sucre et le jus de citron dans un chaudron de taille moyenne et portez à ébullition. Remuez sans cesse en chantant, le temps de faire totalement fondre le sucre (condition essentielle à la réussite de la recette)

◆ Après 10 minutes de cuisson, sortez l'assiette du congélateur, versez quelques gouttes dessus, comptez jusqu'à dix et levez l'assiette à la verticale. Votre pâte est parfaite si elle reste bien figée. Si le sirop coule, prolongez la cuisson et recommencez le test.

◆ Placez une feuille de papier cuisson dans un plat en la laissant dépasser des bords, puis versez le mélange et laissez refroidir deux heures au moins.

◆ Lorsque la pâte est totalement froide, découpez les patacitrouilles à l'aide d'un emporte-pièce en forme de citrouille (ou d'un pochoir découpé dans du bristol), puis roulez-les dans le sucre afin de pouvoir les tenir sans que vos doigts y restent collés.

ULYSSE 31

Charme de Circé

Dans la série Ulysse 31, Circé la magicienne cherche à réunir toutes les connaissances du monde. Elle attire les équipages des vaisseaux passant à proximité et les charme au cours d'un repas raffiné afin qu'ils restent à jamais auprès d'elle et l'aident à gérer sa bibliothèque intergalactique.

INGRÉDIENTS • 4 personnes

250 g de fromage blanc nature
2 œufs
75 g de crème fraîche à 30 % MG
100 g de miel liquide
1 feuille de gélatine
75 g de sucre semoule
75 g de farine
1 cuil. à café de levure chimique
1 pincée de sel

PRÉPARATION • 15 min ◆ REPOS • 1 h ◆ CUISSON • 20 min
RÉFRIGÉRATION • 30 min

Date stellaire 2063.05.04 — Journal de bord de l'Odysseus.
Nous avons été attirés à vitesse subliminique par une singularité non répertoriée qui s'est révélée être la planète-bibliothèque de Circé. Mes compagnons Télémaque et Thémis, sous la protection de notre droïde Nono, sont partis en exploration et se sont fait capturer, appâtés par un dessert. Je transmets la recette (traduite en langage commun) à la banque de données de Shyrka, notre ordinateur de bord.

◆ Préchauffez le four à 180 °C (th. 6).

◆ Tamisez la levure et la farine. Cassez les œufs en séparant les jaunes des blancs. Battez les blancs en neige ferme avec le sel, ajoutez le sucre et battez. Versez les jaunes d'un coup. Mélangez doucement, en incorporant un maximum d'air.

◆ Versez dans un moule carré de 20 cm et enfournez pour 20 minutes. Laissez refroidir avant de démouler.

◆ Fouettez le fromage blanc et la crème jusqu'à obtenir une crème onctueuse. Réservez au frais. Faites fondre le miel et la gélatine sur feu très doux.

◆ Posez la génoise sur une assiette, coupez-la aux dimensions de l'emporte-pièce. Placez le biscuit dans l'emporte-pièce, versez dessus la mousse de fromage, puis le miel.

◆ Placez en cellule de refroidissement 30 minutes.

Couronne de sabat

Ah, la jelly ! Ce dessert typique de l'Amérique des années 60 est ici adapté dans une version fruitée et fraîche, parfaite pour épater toutes vos amies sorcières au foyer lors de la prochaine réunion Tupperware®.

INGRÉDIENTS • 6 personnes

500 g de fruits rouges selon la saison du sabat
50 cl de jus de grenade
50 cl de soda
8 feuilles de gélatine

PRÉPARATION • 15 min ◆ CUISSON • 15 min ◆ RÉFRÉGIRATION • 3 h

◆ Lorsque la lune est croissante, portez au feu une casserole dans laquelle vous aurez au préalable versé le jus de grenade.

◆ Au premier bouillon, réduisez le feu et mettez à tremper les feuilles de gélatine en remuant jusqu'à ce qu'elles soient entièrement dissoutes. Laissez refroidir le quart d'une heure de mortels, puis ajoutez le soda et remuez encore.

◆ Rincez les fruits et équeutez-les si nécessaire.

◆ Versez le liquide dans un moule en couronne de 26 cm de diamètre, répartissez les fruits et laissez prendre au frais au moins 3 heures, idéalement une journée entière. Servez bien frais.

LA FORÊT DE BROCÉLIANDE

Biscuits alakazam

Dans le film Merlin l'enchanteur, *Merlin est un magicien fantasque et visionnaire vivant avec son hibou Archimède dans une chaumière au beau milieu de la forêt. Prévoyant l'heure et l'endroit exact de l'arrivée de Moustique — le futur roi Arthur —, il organise un goûter à l'intention de son futur jeune protégé.*

PRÉPARATION • 5 min ◆ CUISSON • 15 min ◆ REPOS • 30 min

◆ Oyez, oyez !

◆ Voici la recette des biscuits alakazam, les favoris de notre noble roi Arthur ! Inventés par le grand Merlin lui-même, pour le plaisir des petits et des grands !

◆ Saisissez-vous d'une poêle et faites torréfier les graines de sésame quelques instants sur feu vif. Prélevez-en une cuillerée à soupe et mettez-la de côté.

◆ Dans une jatte, mélangez la farine avec le sucre, la pincée de sel, la cannelle et les graines de sésame, puis les œufs et le beurre ramolli. Étalez la pâte entre deux feuilles de papier cuisson sur une épaisseur d'environ 2 ou 3 mm.

◆ Laissez-la au frais au moins 30 minutes afin de la faire durcir.

◆ Préchauffez le four à 180 °C (th. 6).

◆ Découpez ensuite des biscuits en forme de rectangle de 7 x 5 cm, parsemez dessus les graines de sésame réservées et faites cuire au four 10 à 15 minutes.

INGRÉDIENTS • 4 personnes

2 œufs
70 g de beurre
200 g de farine de sarrasin
80 g de sucre semoule
50 g de graines de sésame
1 cuil. à café de cannelle en poudre
1 pincée de sel

Délice de Titania

Titania, la reine des fées, aime à se divertir avec Obéron, le roi des elfes, lors de festins où les esprits de la forêt se régalent de délicieux desserts à base de fruits.

PRÉPARATION • 5 min

◆ Commencez par laver puis équeuter tous les fruits.

◆ Plongez les pêches 1 minute dans l'eau bouillante, puis ôtez leur peau. Dénoyautez ensuite les cerises, les prunes et les pêches.

◆ Coupez les cerises en deux, les pêches, les prunes et les abricots en dés.

◆ Brisez les meringues en petits morceaux.

◆ Montez les étages du délice de la manière suivante : 1 couche de fruits bleus (cassis, myrtilles ou mûres), 1 couche de meringue et 1 couche de chantilly.

◆ Continuez en alternant couche de fruits, meringue, crème chantilly, en veillant à placer les couleurs dans cet ordre : fruits bleus, rouges, orange, jaunes, et enfin verts.

◆ Terminez en parsemant sur la dernière couche de chantilly des noisettes torréfiées et concassées.

INGRÉDIENTS • 4 personnes

4 meringues (chez votre pâtissier)
25 cl de chantilly (ou de yaourt pour une version plus légère)
100 g de cassis (ou myrtilles, mûres)
100 g de cerises (ou fraises, framboises)
100 g de pêches jaunes (ou abricots, melon)
100 g de groseilles à maquereau (ou pêches blanches)
100 g de reines-claudes (ou kiwi)
60 g de noisettes torréfiées et concassées

Crèmes au Kenilworth

Quelle que soit la gravité de la situation, une tasse de thé Kenilworth permet à Louis Griffont et Isabel de Saint-Gil de réfléchir posément à la suite des événements.

INGRÉDIENTS • 4 personnes

25 cl de lait
12,5 cl de crème liquide entière
3 œufs
80 g de sucre semoule
1 cuil. à café de thé Kenilworth
(ou de thé noir)

PRÉPARATION • 10 min ◆ REPOS • 15 min ◆ CUISSON • 45 min

◆ Chauffez les feuilles de thé dans le lait. Dès que le lait bout, retirez du feu et laissez infuser 15 minutes.
◆ Dans un saladier, mélangez les œufs et le sucre jusqu'à ce que le mélange blanchisse. Sans cesser de remuer, versez progressivement le lait puis la crème. Filtrez pour retirer les feuilles de thé.
◆ Préchauffez le four à 170 °C (th. 5-6). Répartissez la crème dans des ramequins, posez ceux-ci dans un plat allant au four, versez ensuite de l'eau bouillante à hauteur des moules et enfournez pour 45 minutes.
◆ Les crèmes sont cuites lorsque la pointe d'un couteau plongée en leur centre ressort sèche. Laissez-les refroidir complètement avant de les démouler.

Gaufrettes au praliné

Lorsque Lucien Labricole part en filature dans le Paris des merveilles, il emporte régulièrement des gaufrettes au praliné. Qui pourrait se méfier d'un innocent gnome, dégustant candidement ses gaufrettes en admirant le paysage ?

INGRÉDIENTS • 4 personnes

Une quinzaine de cigarettes russes, chez le boulanger-pâtissier

<u>**La crème pralinée**</u>
15 cl de crème liquide entière
50 g de praliné
30 g de chocolat noir
1 noix de beurre
1 cuil. à soupe de miel

PRÉPARATION • 15 min ◆ REPOS • 1 h ◆ CUISSON • 2-3 min

◆ Brisez le chocolat, mettez les morceaux dans un saladier avec le praliné.
◆ Dans une casserole, portez la crème liquide à ébullition, ajoutez le miel et le beurre, et versez-la dans le saladier, en plusieurs fois, en mélangeant de façon à obtenir un ensemble lisse et homogène. Laissez refroidir au moins 1 heure.
◆ Remplissez une poche à douille avec crème au praliné et garnissez-en les cigarettes.

Loukoums de la sorcière blanche

Lorsque Edmund Pevensie pénètre pour la première fois à Narnia en passant par l'armoire magique, il rencontre la sorcière blanche. Celle-ci, afin d'amadouer le jeune garçon, lui offre les meilleurs loukoums qu'il ait jamais mangés.

INGRÉDIENTS • 20 bonbons

75 g de fécule de maïs + 1 verre
300 g de sucre semoule
1 cuil. à café de jus de citron
1 cuil. à soupe d'eau de rose
1 verre de sucre glace
Huile neutre

PRÉPARATION • 15 min ◆ CUISSON • 55 min ◆ REPOS • 1 nuit

◆ Tandis que Lucy, Peter et Susan sont encore dissimulés entre les manteaux de l'armoire magique, délayez 75 g de fécule dans un bol avec 15 cl d'eau et réservez.

◆ Portez à ébullition dans une casserole de faune le sucre, le jus de citron et 12 cl d'eau. Lorsque le sirop atteint 115 °C, versez la fécule délayée en une seule fois, en mélangeant sans cesse à l'aide d'une cuillère en bois. Laissez mijoter 50 minutes environ sur feu doux, sans cesser de mélanger. Le mélange est prêt lorsque la lumière du réverbère n'éclaire plus le bois et que la pâte, devenue translucide, se détache des bords de la casserole et forme une boule autour de la cuillère ; et si ce n'est pas le cas, poursuivez la cuisson encore quelques minutes.

◆ Ajoutez l'eau de rose des glaces et faites cuire encore 5 minutes.

◆ Tapissez votre plat de papier cuisson et tamisez-le d'une fécule aussi fine que la neige la plus douce. Étalez la pâte dans le plat avec précaution, et lissez-la avant de la laisser reposer à température ambiante, au moins 12 heures et si possible une nuit entière.

◆ Versez le sucre glace dans une assiette, huilez un couteau et découpez la pâte en cubes de 3 cm de côté. Roulez les loukoums dans le sucre glace, tapotez-les pour en ôter l'excédent et conservez-les dans une boîte hermétique.

TARTE DE LA CÔTE DES ÉPÉES

Cette recette traditionnelle est très appréciée des magiciens chaotiques, des chasseurs de trésors en tout genre et des paladins entre deux quêtes.

INGRÉDIENTS • 4 personnes

750 g d'airelles
2 poires
300 g de pâte brisée (chez votre boulanger-pâtissier)
180 g de sucre brun (cassonade ou vergeoise brune)
30 g de farine
12,5 cl de sirop d'érable
Lait pour la dorure

PRÉPARATION • 15 min ◆ **CUISSON** • 45 min

◆ Pesez 50 g de pâte brisée que vous mettrez de côté pour la décoration. Préchauffez le four à 180 °C (th. 6).

◆ Épluchez les poires, ôtez les pépins, coupez-les en dés et placez-les dans une casserole sur feu vif avec le sirop d'érable et les airelles jusqu'à ce que celles-ci éclatent.

◆ Poudrez alors de farine, mélangez bien, baissez le feu et laissez réduire le sirop d'environ un tiers. Retirez la casserole du feu et laissez refroidir.

◆ Pendant ce temps, étalez la pâte au rouleau à pâtisserie, placez-la dans un plat et piquez-la à la fourchette afin d'empêcher la formation de bulles d'air qui la feraient gondoler à la cuisson.

◆ Recouvrez le fond et les bords de la tarte avec du papier d'aluminium, versez des légumes secs et enfournez pour 20 minutes environ.

◆ Étalez la pâte mise de côté. Découpez une forme de dragon à l'aide d'un emporte-pièce ou d'un pochoir réalisé dans du carton fin (type bristol). Formez des petits boudins avec le reste de la pâte, étirez-les, et taillez jointures, écailles et griffes à l'aide d'un couteau.

◆ Retirez les légumes secs et le papier d'aluminium. Saupoudrez le fond de tarte de sucre brun, étalez la compotée de fruits et déposez avec délicatesse le dragon dessus, placez les griffes sur le côté, badigeonnez de lait et enfournez pour 25 minutes. Servez tiède ou froid.

CHAPITRE IV

LES POTIONS ENVOÛTANTES

Philtre d'amour éternel

Viviane, la Dame du Lac, réside en forêt de Brocéliande où elle éleva Lancelot. Dans les légendes arthuriennes, Merlin, tombé fou amoureux de la fée, lui confie tous ses secrets dont celui de se faire aimer éternellement. Viviane expérimente ce philtre, et l'on dit que, depuis, les deux magiciens vivent dans la forêt, invisibles aux yeux des hommes.

INGRÉDIENTS • 4 personnes

125 g de miel liquide
50 g de fleurs de lavande (en magasin bio)
10 cl de jus de citron

INFUSION • 20 min ◆ REPOS • Une nuit

◆ Lorsque le monde était déjà vieux et les forêts encore jeunes, Merlin se promenant en Brocéliande en admirait les beautés. C'est alors qu'il aperçut Viviane la fée, et s'éprit d'elle. Désireuse de conserver l'amour de Merlin, Viviane confectionna le philtre qui devait le garder auprès d'elle.

◆ Elle commença par tirer 1 litre d'eau du lac de Cristal, récolta le miel de la forêt et cueillit des fleurs de lavande qu'elle laissa tout l'été sécher à la lumière de la lune. Enfin, elle obtint le fruit du lointain citronnier.

◆ La fée fit chauffer l'eau dans un chaudron, et dès les premières bulles, retira l'ustensile du feu pour y jeter la lavande qu'elle laissa infuser 20 minutes.

◆ Elle filtra le liquide au travers de l'étamine la plus fine, puis y versa le miel et le jus de citron tout en remuant et en chantant doucement son amour pour le magicien.

◆ Le philtre, enfermé dans un flacon de cristal, elle le fit reposer dans les eaux glacées du lac.

◆ Lorsqu'elle présenta la boisson à Merlin, son esprit, sitôt qu'il y eut trempé ses lèvres, se tourna entièrement vers la fée. Il n'eut plus d'autre désir que de passer le reste des temps en sa compagnie sous les frondaisons de la forêt.

Potion d'égarement

Dans Le Songe d'une nuit d'été, *Obéron, roi des elfes, veut se venger de Titania, la reine des fées qui lui préfère un mortel. C'est pourquoi il demande à Puck, esprit espiègle de la forêt, de réaliser une potion qui égarera les sens de Titania et la fera tomber folle amoureuse du premier être qu'elle croisera à son réveil...*

PRÉPARATION • 5 min

Voici l'heure de la nuit,
Où la chouette chante à la lune,
Et voici que mon roi m'ordonne en sa loi
D'égarer ma Reine malgré sa Philomène
Araignées fileuses, dissimulez mes pas
Que personne ne soupçonne ni entende ici-bas.
En silence la limonade coule dans le chaudron
Et le miel des fées et le jus des citrons
Et les feuilles d'herbe des rois sont froissées
Et les fraises tranchées sous le dais étoilé
Et les ingrédients s'unissent en délice
Pour que s'égare ma Reine en ce doux maléfice
Qu'elle boive à la coupe et oublie Obéron
Son noble seigneur en son beau phaéton,
Qu'à son réveil ses yeux sur l'inconnu se posent
Et que s'opère en elle l'étrange métamorphose
Qu'éperdu soit son amour
Qu'elle le voie paré d'atours
Mais que la leçon de l'Orgueilleuse fourvoyée
Dans son égarement ne saurait durer
Pas plus longtemps que le songe d'une nuit d'été.

INGRÉDIENTS • 4 personnes

1 l de limonade
2 fraises
2 citrons
3 feuilles d'herbe des rois (basilic)
6 cl de miel

LE PARIS DES MERVEILLES

ÉLIXIR D'OUBLI

Lorsque les fées, reines du royaume magique d'Ambremer, sont lasses de la vie, elles absorbent l'élixir d'Oubli qui conserve leur corps dans un profond sommeil et envoie leur esprit dans les contrées d'Onirie.

INGRÉDIENTS • 4 personnes

4 cuil. à café de sirop de violette
25 cl de jus de grenade
25 cl de jus de pomme
50 cl de lait

PRÉPARATION • 2 min

Versez le lait dans les verres, ajoutez ensuite les jus de grenade et de pomme en les faisant couler de long des parois. Répartissez le sirop de violette, mélangez doucement en admirant le coucher du soleil, étendez-vous et laissez-vous emporter en Onirie.

Rosée des Ents

Les Ents sont des arbres conscients, capables de parler, penser et se déplacer. Ils sont les anciens gardiens et protecteurs des forêts de la Terre du Milieu.
Dans Le Seigneur des Anneaux, *Merry et Pippin, réfugiés dans la forêt de Fangorn, font la connaissance de Sylvebarbe qui assure leur protection à la demande de Gandalf. C'est ainsi qu'ils passent quelque temps nourris et abreuvés de la mystérieuse rosée des Ents qui a pour vertu de faire grandir ceux qui la boivent.*

INGRÉDIENTS • 4 personnes

1 kg de mûres
500 g de myrtilles
100 g de feuilles de mauve (en magasins bio/ou au rayon tisanes/diététique)
100 g de fleurs et de feuilles de sureau (en magasins bio/ou au rayon tisanes/diététique)
200 g de sirop d'érable

PRÉPARATION • 15 min ◆ REPOS • 30 min ◆ CUISSON • 10 min

◆ Rincez les fruits, les fleurs et les feuilles récoltés.

◆ Dans un pot fait d'argile de la Vieille Forêt, portez à ébullition 1 litre de l'eau d'une source claire. Aux premières bulles, déposez les fruits et laissez-les cuire 5 minutes jusqu'à ce qu'ils éclatent et libèrent leur jus.

◆ Ajoutez alors les fleurs, les feuilles et la sève d'érable. Mélangez encore 5 minutes et filtrez entre vos racines.

◆ Mettez en bouteilles et conservez au frais, en plongeant par exemple les bouteilles dans l'eau glacée d'un ruisseau bondissant.

Remontant de Gandalf

Gandalf le Gris, puis le Blanc, est le plus célèbre magicien de la Terre du Milieu. Réputé chez les hobbits pour ses merveilleux feux d'artifice, il est d'abord le compagnon et l'ami de Bilbo, puis plus tard celui de son neveu, Frodon. Il guide la Communauté de l'Anneau au travers des mille et un périls envoyés par Sauron pour récupérer l'Anneau de pouvoirs.
Gandalf garde sur lui une flasque emplie de miruvor, un cordial elfique capable de remonter le moral en n'importe quelle circonstance, y compris pour l'ascension du col du Caradhras.

PRÉPARATION • 20 min ◆ REPOS • 1 h

◆ Récoltez les fruits à l'aube du solstice d'été et rincez-les soigneusement à l'eau de la Bruinen.

◆ Coupez l'orange et le citron en deux, pressez-les et recueillez leur jus.

◆ Ôtez la peau des pêches et les noyaux des cerises, placez ensuite les fruits dans un mortier (ou un mixeur) en compagnie des groseilles préalablement lavées et équeutées et réduisez le tout en purée avant d'ajouter les jus de citron et d'orange.

◆ Filtrez à travers un tissu arachnéen (ou une passoire fine) afin de récolter un jus limpide.

◆ Mettez en bouteilles et conservez au frais, au plus tard jusqu'à l'aube du cinquième jour.

INGRÉDIENTS • 4 personnes

1 kg de groseilles
500 g de cerises
500 g de pêches jaunes
1 citron
1 orange

BOISSON DES BÉORNIDES

Il est de tradition qu'avant de partir au combat les hommes-ours boivent de ce mélange du miel de leurs ruches et des cerises de leurs bois, ce qui leur permet de se transformer en ours. Dans Le Hobbit, *c'est Beorn lui-même sous l'apparence d'un ours noir gigantesque qui met fin à la bataille des Cinq Armées en abattant le chef des orques.*

INGRÉDIENTS • 4 personnes

1 kg de cerises
50 cl de miel doux

PRÉPARATION • 20 min ◆ REPOS • 1 h ◆ CUISSON • 10 min

◆ Rincez les cerises lors d'une nuit sans lune, dénoyautez-les puis pressez-les au travers d'un torchon afin d'en recueillir le jus.

◆ Faites tiédir 50 cl d'eau dans une casserole et versez le miel. Mélangez doucement jusqu'à ce qu'il fonde.

◆ Ajoutez alors le jus de cerise et laissez chauffer encore 5 minutes en mélangeant bien.

◆ Retirez du feu, laissez refroidir et placez au frais.

◆ Buvez dès que les orques se font entendre au loin.

HISTOIRE
UNIVERSELLE

Vin des elfes (sans alcool)

Lorsqu'il reçoit chez lui Narcissa Malefoy et Bellatrix Lestrange, Severus Rogue échange un sortilège Inviolable avec Narcissa. Ils trinquent ensuite à la gloire du Seigneur des Ténèbres.

INGRÉDIENTS • 4 personnes

1 orange
1 poignée de myrtilles (surgelées si hors saison)
50 cl de jus de raisin
4 cuil. à soupe de sucre brun
1 cuil. à café de gingembre moulu
1 cuil. à café de noix de muscade en poudre
1 bâton de cannelle
1 étoile de badiane (anis étoilé)

PRÉPARATION • 5 min ◆ CUISSON • 5 min ◆ REPOS • 1 h

◆ Jetez à vos mains un sort de Cote-de-fer, puis, à l'aide d'un couteau bien tranchant, pelez l'orange à vif et découpez la chair en quartiers. Si vous perdez plus de 3 gouttes de jus, sachez que vous passerez votre soirée en retenue.
◆ Versez tous les ingrédients dans un chaudron en commençant par le jus couleur de sang, puis dans l'ordre de la Table périodique des ingrédients, que vous devriez connaître si vous aviez lu votre manuel.
◆ Ajoutez 30 cl d'eau et faites bouillir 5 minutes. Enlevez le chaudron du feu et laissez reposer 1 heure. Filtrez la mixture et servez brûlant ou glacé.

Potion des souvenirs

Severus Rogue était extrêmement attaché à la mère de Harry, Lily Potter. Après sa disparition, on pense qu'il utilisa souvent cette potion qui a pour propriété de conserver les souvenirs intacts.

INGRÉDIENTS • 1 flacon de 50 cl

40 cl de jus de lythrace (grenade)
100 g de fruit d'ubull (pomme)
1 gousse de mélipone (vanille)
Quelques larmes de phénix (2 cuil. à soupe de sirop d'érable)

PRÉPARATION • 20 min

◆ Cette potion doit être réalisée dans le silence le plus complet, ce qui est impossible pour des cornichons de votre espèce. Je ne m'attends donc pas à ce que vous vous souveniez d'autre chose que de la couleur de votre oreiller.
◆ Rincez le fruit d'ubull, épluchez-le, coupez-le, ôtez les pépins et faites compoter avec un peu d'eau dans un chaudron sur feu moyen. Fendez la gousse de mélipone, puis, à l'aide de votre baguette ou du dos d'un couteau, grattez l'intérieur afin d'en récolter les graines. Ajoutez les graines de mélipone à la compote d'ubull.
◆ Placez les larmes de phénix dans un chaudron modèle standard, ajoutez la compote d'ubull et versez le jus de lythrace. Mélangez trois fois dans le sens des aiguilles d'un retourneur de temps, puis quatre fois dans l'autre sens.

VÉRITABLE BIÈRAUBEURRE FRAÎCHE (sans alcool)

La bièraubeurre est née en 1855 en Grande-Bretagne, avec l'invention du butterscotch*. Associé à du soda à la vanille, ce sirop ressemblait tellement à de la bière qu'on surnomma la boisson « butterbeer » (bièraubeurre). Fred et George Weasley, les frères de Ron, sont passés maîtres dans son approvisionnement, à chaque fête dans la salle commune. Sûr que la bièraubeurre coulera à flots !*

INGRÉDIENTS • 4 personnes

50 cl de cream soda ou soda à la vanille (sur Internet ou au rayon produits du monde)
60 g de beurre
60 g de sucre semoule
1 cuil. à soupe de mélasse ou golden syrup (au rayon produits du monde)
Crème fouettée selon votre désir

PRÉPARATION • 5 min ◆ CUISSON • 10 min

◆ Faites fondre le beurre dans un petit chaudron sur feu doux, ajoutez le sucre et mélangez doucement. Lancez un sort de Décolletout ou utilisez un pinceau humide afin de décoller les cristaux de sucre qui pourraient coller aux parois. Utilisez un sort de Lévitation et ajoutez la mélasse. Faites bouillir 5 minutes.
◆ Laissez refroidir complètement ou lancez un sort de Gel-gla-gla. Versez 2 cuillerées à soupe de sirop dans chaque chope, puis le cream soda. Surmontez d'une généreuse dose de crème fouettée et savourez.

VARIANTE : LA BIÈRAUBEURRE TIÈDE (sans alcool)

Servie tiède, la bièraubeurre est idéale pour se réchauffer après une promenade dans la neige de Pré-au-Lard ou pour se donner le courage de lutter contre les forces du mal.

INGRÉDIENTS • 4 personnes

50 cl de lait
60 g de beurre
60 g de sucre semoule
1 cuil. à soupe de mélasse ou golden syrup (au rayon produits du monde)
Crème fouettée selon votre désir

PRÉPARATION • 5 min ◆ CUISSON • 5 min

◆ Suivez l'étape 1 de la recette de la bièraubeurre fraîche, sans la laisser refroidir.
◆ Versez alors le lait et laissez tiédir en mélangeant doucement. Servez dans les chopes et surmontez de crème fouettée à votre convenance.

Potion verte

Dans le monde d'Hyrule, cette potion permet à Link de restaurer ses pouvoirs.

INGRÉDIENTS • 1 flacon de 1 l

50 cl d'eau de cascade
50 cl de jus de kiwi
4 cuil. à soupe de sirop de cerise
Le jus de 1 citron
1 poignée de cerises confites

PRÉPARATION • 5 min ◆ REPOS • 15 min

◆ Dans une des cavernes secrètes d'Hyrule, connue des fées et ignorée des Octorocks, versez dans un chaudron l'eau recueillie à l'aide d'une flûte enchantée près d'une cascade.

◆ Ajoutez le jus de kiwi offert par les Minish lors de votre dernière quête et remuez doucement.

◆ Versez le sirop de cerise dans une gourde, délayez avec le jus de citron et le mélange précédent.

◆ Ajoutez les cerises confites et laissez reposer 15 minutes pour une restauration maximale de vos points de magie.

MARY POPPINS

ÉLIXIR «SUPERCALIFRAGILISTICEXPIALIDOCIOUS»

Cocktail exclusif, servi par les pingouins, uniquement les jours de derby à l'intérieur du tableau.

PRÉPARATION • 15 min

◆ Versez des morceaux de banquise dans les verres, ajoutez le sirop de cerise, le jus de pamplemousse, celui de pêche et l'extrait de vanille.

◆ Remuez doucement à l'aide d'une ombrelle et dégustez en suivant la course de chevaux de bois.

INGRÉDIENTS • 4 personnes

75 cl de jus de pêche
25 cl de jus de pamplemousse
4 cuil. à soupe de sirop de cerise
2 cuil. à café d'extrait de vanille

Potion draconique

Permet, telle Maléfique de réveiller ou d'endormir le dragon qui sommeille en vous.

INGRÉDIENTS • 4 personnes

Extrait de terreur
(ou 4 cuil. à soupe de sirop de curaçao)
Concentré de vengeance
(ou 50 cl de jus de canneberge)
Orgueil blessé
(ou 50 cl de jus de pomme)
Fruit de feu
(ou le jus de 1 citron)

PRÉPARATION • 5 min

◆ Lorsque l'orage éclate et que la tempête se lève, versez dans une coupe l'extrait de terreur en le faisant miroiter à la lumière des éclairs.

◆ Au second coup de tonnerre, ajoutez votre orgueil blessé, votre sourire le plus sombre ainsi que le concentré de vengeance. Remuez avec votre sceptre.

◆ Alors que le vent souffle en rafales autour de vous, il est temps d'ajouter le jus de fruit de feu, de boire et de laisser votre courroux se déchaîner.

Philtre de beauté de la reine-sorcière

Pour rester belle et machiavélique à jamais. Ha ! ha ! ha !

PRÉPARATION • 15 min ◆ CUISSON • 10 min ◆ INFUSION • 15 min

◆ Vêtez-vous de vos ornements favoris et les plus seyants (cape maudite, sceptre démoniaque… au choix), relevez vos manchettes, puis rincez, épluchez les racines de pastinaca et coupez-les en rondelles.

◆ Faites-les ensuite bouillir 10 minutes dans un petit chaudron, puis filtrez en conservant le jus (vous pouvez donner les rondelles à votre corbeau familier, il adorera).

◆ Reprenez votre chaudron et mélangez-y le jus d'ubull.

◆ Remuez doucement de la main gauche autant de fois qu'il y a de jours dans votre date d'anniversaire (trois fois si vous êtes né(e) le trois, etc.).

◆ Lorsque le mélange est tiède, ajoutez l'espoir d'une princesse mièvre et le sourire d'un prince niais, puis saupoudrez de poudre de belles-des-bois grillées, ajoutez l'écorce de salagama et laissez-la infuser 15 minutes avant de la retirer.

◆ Cette potion se consomme chaude, tiède ou froide.

INGRÉDIENTS • 1 flacon de 50 cl

Racines de pastinaca
(ou 40 cl de jus de carotte)
Jus d'ubull
(ou 10 cl de jus de pomme (non empoisonné)
Écorce de salagama
(ou 1 bâton de cannelle)
Poudre de belles-des-bois
(ou 1 cuil. à soupe de poudre de noisettes)

Jus de citrouille

La boisson indispensable à toutes les assemblées de sorciers !

INGRÉDIENTS • 1 pichet

1 l de jus de pomme
250 g de chair cuite de potiron, courge musquée, ou butternut (surgelée si hors saison)
125g de confiture d'abricots
1 pointe de baguette de cannelle (= 1 pincée)

PRÉPARATION • 5 min

◆ Lorsque le soleil lance ses derniers feux et que débute la Nuit des Sorciers et des Esprits, revêtez votre plus belle tenue de cérémonie (à noter : dans certaines contrées lointaines, les sorciers réalisent cette recette en pyjamas et charentaises) et munissez-vous de votre baguette.

◆ Versez la chair de potiron dans un chaudron de taille moyenne (notez bien le « floc » caractéristique de la bouillie de potiron chutant dans le chaudron), ajoutez ensuite le jus de pomme.

◆ Ajustez vos lunettes, écartez le crapaud, ne vous inquiétez pas du chat qui de toute façon a déjà pris la fuite, jetez un sort d'Assourdissement afin de ne pas trop vous faire remarquer par le voisinage, munissez-vous d'un pied à soupe et mixez très finement le mélange.

◆ Versez la confiture d'abricots petit à petit en mixant bien à chaque fois. Enlevez les traces de potiron de vos lunettes, de vos cheveux, de la table et du tapis.

◆ Goûtez, ajoutez la cannelle selon votre goût et placez au frais (à garder hors de portée du crapaud, les voisins pourraient s'étonner de l'apparition d'un batracien orange).

Cocktail schtroumpfesque

Si le mets préféré des Schtroumpfs est la salsepareille, lorsque la saison n'est pas à leur plante favorite, les petits lutins bleus adorent se régaler d'un cocktail schtroumpfesque.

INGRÉDIENTS • 4 personnes

50 cl d'eau gazeuse
50 cl de jus de poire
4 cuil. à soupe de curaçao
4 bâtons de cannelle
1 poignée de framboises

PRÉPARATION • 10 min

◆ Lorsque tout le village est réuni et que le soleil brille haut, schtroumpfez* lentement le jus de poire dans les verres.

◆ Schtroumpfez** ensuite l'eau schtroumpfeuse*** et schtroumpfez**** sans vous laisser déconcentrer par les conseils du Schtroumpf à lunettes.

◆ Lorsque le mélange pétille, faites schtroumpfer***** le curaçao le long des parois du verre : il doit descendre tout au fond sans se dischtroumfer******.

◆ Alors, et seulement alors, schtroumpfez******* les framboises que vous aurez schtroupfement sauvées du Schtroumpf gourmand.

◆ Touillez à l'aide d'un bâton de cannelle et sirotez en schtroumpfant gaiement.

*versez **ajoutez ***gazeuse ****remuez *****couler ******dissoudre *******ajoutez prestement

LA TRILOGIE DE BARTIMÉUS

NECTAR MÉSOPOTAMIEN

Mon très cher Ptolémée, mon maître, et surtout seul magicien qui ne s'est pas contenté d'ordonner mais a cherché à nous connaître réellement nous autres djinns – surtout moi, Bartiméus, mais c'est vrai que je suis particulièrement exceptionnel – enfin bref, Ptolémée disais-je, un jour qu'il se délectait de cette boisson, m'a fait promettre d'être discret dans l'avenir et d'éviter les ennuis... J'ai tenu quatre jours.

PRÉPARATION • 5 min

◆ Décortiquez les pistaches, concassez-les. Incarnez-vous en dragon et torréfiez-les d'un souffle.

◆ Emplissez les verres de glace jusqu'à la moitié de leur hauteur.

◆ Versez le sirop de rose dans les verres (n'utilisez, bien sûr, que celui produit par les fleurs des jardins suspendus de Babylone, ou, à la rigueur, celui issu des roses de Damas : les autres ne valent pas un pentacle).

◆ Jetez négligemment une poignée de pistaches et de pignons dans chaque verre et arrosez de jus de raisin.

◆ Oui, je sais, c'est excellent... Non, non, ne me remerciez pas... Vénérez-moi simplement, et ça me suffira, si si, je vous assure !

INGRÉDIENTS • 4 personnes

75 de pistaches non salées
1 cuil. à soupe de pignons de pin
50 cl de jus de raisin
3 cuil. à soupe de sirop de rose
Glaçons

SECRET DE DIGORY (voir photo p. 180)

Digory et son amie Polly sont les premiers enfants à entrer à Narnia et à affronter la Sorcière Blanche, et ce bien par hasard : ils étaient simplement dans le grenier occupés à siroter une boisson au gingembre. Mais qui sait ce qu'il peut advenir lorsque dans le même temps on s'amuse avec des anneaux magiques...

INGRÉDIENTS • 4 personnes

50 cl de jus de pomme
1 racine de gingembre
1 cuil. à soupe de glace pilée
1 citron coupé en rondelles
4 bâtons de cannelle

PRÉPARATION • 5 min ◆ INFUSION • 15 min

◆ Épluchez la racine de gingembre, puis coupez-la en fines tranches.

◆ Versez le jus de pomme dans une casserole et faites-le tiédir, ajoutez les morceaux de gingembre, coupez le feu et laissez infuser 15 minutes avant de filtrer. N'oubliez pas de récupérer le jus de pomme !

◆ Laissez refroidir complètement.

◆ Répartissez la glace pilée dans les verres, puis le jus de pomme, ajoutez alors 50 cl d'eau ainsi que quelques rondelles de citron, et mélangez à l'aide des bâtons de cannelle.

◆ Videz votre verre et sautez dans l'anneau à la découverte du Bois-d'entre-les-Mondes !

Réconfortant de la Sorcière Blanche

Après avoir rencontré la Sorcière Blanche de Narnia, Edmund Pevensie est tellement frigorifié qu'il ne peut plus parler. Jadis lui fait alors boire ce breuvage magique qui le réconforte au point qu'il en oublie le terrible froid qui règne à Narnia où c'est toujours l'hiver, et jamais Noël.

INGRÉDIENTS • 4 personnes

75 cl de lait
25 cl de café décaféiné
1 bombe de crème fouettée
4 cuil. à soupe de cacao

Le caramel

250 g de vergeoise blonde
½ cuil. à soupe de vinaigre blanc

PRÉPARATION • 5 min ◆ CUISSON • 15 min

◆ Préparez le caramel avant que le froid ne vous fige et que vous soyez devenu l'une des statues du château de Jadis la Sorcière Blanche : dans une grande casserole, faites fondre la vergeoise avec 5 cl d'eau et le vinaigre, puis portez à ébullition en remuant sans cesse à l'aide d'une cuillère en bois. Dès l'apparition des premières bulles, baissez le feu. Si, tels des flocons sur les vitres d'une fenêtre, des cristaux de sucre se collent aux parois de votre casserole, faites-les fondre à l'aide de votre pinceau humide.

◆ Déposez votre casserole dans l'évier, et en faisant très attention aux éventuelles projections, versez 10 cl d'eau sur le caramel. Attendez que les bulles se calment et remettez la casserole sur le feu 1 minute en mélangeant.

◆ Laissez refroidir complètement avant de transvaser dans un flacon de cristal.

◆ Posez une casserole sur un feu très doux, mélangez le lait, 80 g de caramel et le café en remuant fréquemment.

◆ Versez dans des tasses, couvrez généreusement de crème fouettée, saupoudrez de cacao et dégustez bien chaud.

Grand vizir

Être un vil personnage est grisant. Alors pour se rafraîchir des complots infâmes et des sombres machinations, Jafar déguste un Grand Vizir, une boisson aussi unique que lui dont la recette est restée secrète jusqu'à aujourd'hui.

INGRÉDIENTS • 4 personnes

100 g de lait de soja
1 cuil. à café de graines de fenouil (ou 2 sachets de tisane)
1 cuil. à café de curcuma
1 pointe de couteau de piment
2 cuil. à café de moutarde
Sel

PRÉPARATION • 10 min ◆ CUISSON • 5 min ◆ REPOS • 15 min

◆ Faites bouillir 1 litre d'eau et ajoutez ensuite toutes les épices dans l'ordre suivant : le piment pour éclaircir votre esprit, le fenouil pour échafauder d'âpres manigances, le velours de la moutarde pour conforter vos idées et le curcuma parce que l'or est la seule couleur qui soit digne de moi !
◆ Laisser infuser 10 minutes tout en psalmodiant la liste de ceux à qui vous en voulez. Interrompez-vous (la liste est longue). Filtrez, puis versez le lait de soja, goûtez, salez et mettez au froid 15 minutes. Savourez.
Alors ? Unique, non ?!

Élixir génial

De quoi te mettre en état d'affronter un vizir haineux tout en faisant des claquettes et en grattouillant les oreilles du sultan !

INGRÉDIENTS • 4 personnes

50 cl de jus de pomme
30 cl de jus de framboise
4 cuil. à soupe de gelée de myrtille
Le jus de 1 citron

PRÉPARATION • 5 min

◆ Lorsque tu dois combattre un ennemi puissant, tu verses la gelée de myrtille dans le fond d'un verre, tu ajoutes le jus de framboise, le jus de pomme et un trait de jus de citron.
◆ Tu mélanges doucement, tu bois, et tout sorcier qu'il soit, le Jafar n'a plus qu'à bien s'accrocher à ses babouches !

Potion magique

Cette potion est peut-être la plus fameuse de toutes ! Ses effets sont multiples, et bien que certains restent encore à découvrir, elle procure une force surhumaine à quiconque la boit, permet aux aphones de recouvrer la voix, aux inconscients de se réveiller. Elle accélère même la floraison des pâquerettes ! Attention toutefois à ne pas tomber dedans !

INGRÉDIENTS • 4 personnes

Le jus de 4 citrons
20 cl de jus de myrtille
15 cl de jus de fraise
1 cuil. à soupe de jus de betterave
1 cuil. à soupe de jus de carotte fraîchement cueillies
1 cuil. à soupe de bicarbonate de soude
80 g de sucre semoule
Miel à volonté

PRÉPARATION • 10 min ◆ REPOS • 5 min

◆ Avertissement d'Obélix : « Panoramix me demande de bien dire qu'il faut absolument faire attention à ce que personne ne puisse tomber dans le chaudron de potion, gna-gna-gna… »

◆ Faites tiédir le jus de myrtille et 8 cl d'eau dans un petit chaudron à l'abri du vent, et si possible sous un chêne au moins centenaire et abritant une famille de mésanges (leur chant est idéal pour se concentrer). Puis délayez le bicarbonate de soude et le sucre dans le chaudron.

◆ Lorsque le mélange a pris la couleur d'une nuit sans lune (bleu très foncé), ajoutez le jus de citron en une seule fois et mélangez avec entrain : votre potion doit se mettre à bouillonner ; et si sa couleur passe du bleu foncé au rouge rubis, vous aurez gagné votre serpe de druide !

◆ Versez alors le jus de carotte goutte à goutte, celui de fraise en une fois, et celui de betterave par demi-cuillerée ; mélangez doucement. Goûtez, et ajoutez autant de miel qu'il vous plaira.

◆ Vous voici fin prêt pour de nouvelles aventures !

◆ Astuce de druide : « Si ce n'est pas la saison des myrtilles, vous pouvez les remplacer par la même quantité de jus de cassis. »

Philtre d'invisibilité

Permettant, comme son nom l'indique, de devenir invisible, cette potion est très utile pour lancer des sorts à vos adversaires lors d'un combat, pour écouter aux portes ou pour dérober un objet magique. Attention toutefois, seul votre corps est invisible, pas votre ombre.

PRÉPARATION • 2 min ◆ REPOS • 10 min

◆ Recueillez le jus des fruits sans en perdre une goutte, l'on pourrait se douter de ce que vous manigancez. Délayez le sirop de Trompe l'œil d'Intentions et d'Ironie puis ajoutez l'Humeur de troll piquant. Rincez et effeuillez les feuilles de discrétion, laissez infuser 10 mn puis filtrez.

◆ Si vous deviez vous aventurer dans des grottes éclairées à la lumière violette, sachez que votre potion deviendrait phosphorescente et pourrait à la fois éclairer votre chemin, mais aussi vous trahir...

INGRÉDIENTS • 1 flacon de 1 l

½ l d'Humeur de troll piquant
(ou de tonic contenant de la quinine, type Schweppes®)
½ l de jus d'Ironie
(ou de pamplemousse jaune)
2 fruits d'Intention (ou 2 citrons verts)
6 cuil. à soupe de sirop de Trompe-l'œil
(ou de sirop de sucre de canne)
1 soupçon de Discrétion
(ou une branche de menthe)

Hypocras de Brasamical

Rien de tel qu'une bonne chope pour se ragaillardir après avoir affronté des géants récalcitrants, des magiciens mal embouchés, des zombies, des goules et autre ombres néfastes.

PRÉPARATION • 5 min ◆ REPOS • 3 h

◆ Épluchez et râpez la racine de gingembre. Broyez ensemble les gousses de cardamome et les clous de girofle, ajoutez la poudre de cannelle et mélangez avec le gingembre. Faites tiédir le jus de raisin dans un petit chaudron, délayez le miel dedans, puis ajoutez les épices.

◆ Coupez le feu et laissez infuser le temps d'annuler l'enchantement de confusion jeté par mégarde sur la wyverne du magicien près de la porte. Laissez passer 2 à 3 heures.

◆ Filtrez et offrez une tournée générale afin que nul ne s'aperçoive que vos amis fuient par le passage secret sous le comptoir.

INGRÉDIENTS • 4 personnes

1 l de jus de raisin rouge
10 clous de girofle
10 gousses de cardamome
30 g de cannelle en poudre
60 g de gingembre frais
6 cuil. à café de miel brun liquide
(châtaignier ou sapin)

PUNCH FANTOMATIQUE DE M. MÉCHANT GARÇON

Lorsque M. Méchant Garçon fit sortir les monstres des différents livres, il pensait emporter une victoire facile. C'était sans compter sur l'auteur et ses amis qui eurent tôt fait de réduire le Blob mangeur d'hommes en bouillie, emprisonnant au passage les morceaux de quelques zombies.

INGRÉDIENTS • 8 personnes

1 l de jus de framboise
1 l de jus de fraise
4 oranges
2 brins de menthe
4 cuil. à soupe de miel liquide
4 cuil. à soupe de gelée de mûre
4 feuilles de gélatine

PRÉPARATION • 5 min ◆ CONGÉLATION • 3 h

◆ Faites tiédir 1 l d'eau dans un petit chaudron mais sans la laisser bouillir, puis délayez-y les feuilles de gélatine. Rincez une paire de gants en latex, en veillant à éliminer toute trace de talc.

◆ Lorsque la gélatine est dissoute, remplissez entièrement de cette eau les gants en latex, formez un nœud au niveau du poignet en serrant bien afin que l'eau ne puisse couler et placez-les au congélateur pour au moins 3 heures.

◆ Pressez les oranges, mélangez le jus dans un saladier de cristal transparent avec les jus de framboise et de fraise.

◆ Répartissez la gelée de mûre dans des bols ou un saladier, versez ensuite le jus le long des parois, puis le miel.

◆ Sortez les gants du congélateur, coupez le latex au niveau du nœud et démoulez la glace avec précaution. Placez les mains glacées dans le saladier, écrasez la menthe entre vos doigts, jetez-la aux côtés des mains glacées et dégustez.

INDEX

PLATS SALÉS

DESSERTS & BOISSONS

BIBLIO DES SORCIERS

GÉNÉRALITÉS

• LOISEAU, Bernard, GILBERT, Gérard, *Trucs, astuces et tours de main*, Hachette, 1996.
• BOTTÉRO, Jean, *La plus vieille cuisine du monde*, Éditions Louis Audibert, 2002.
• MATHIOT, Ginette, *Merveilles de la cuisine internationale et exotique*, Flammarion, 1967.
• MASSIALOT, François, *Le cuisinier roïal et bourgeois*, Chez Claude Prudhomm,1691.
Disponible ici : http://gallica.bnf.fr/ark:/12148/bpt6k108571q

SORCIERS DE PAPIER

• COLLECTIF, *50 contes et histoires enchantées*, Compagnie Internationale du Livre, 1980.
• PERRAULT, Charles, *Contes*, Hachette, collection Grandes Oeuvres, 1978.
• ANDERSEN, Hans Christian, *La Petite Sirène et autres contes*, Hachette, collection Grandes Oeuvres, 1992.
• GRIMM, Jacob, GRIMM, Wilhelm, *Les Contes de Grimm*, Auzou, 2011.
• LEPRINCE DE BEAUMONT, Jeanne-Marie, D'AULNOY, Marie-Catherine, *La Belle et la Bête et autres contes*, Le Livre de Poche Jeunesse, 1979.
• CAMIGLIERI, Laurence, *Contes et Légendes du Poitou et des Charentes*, coll. Contes et Légendes de tous les pays, Fernand Nathan, 1977.
• COLLECTIF, *Contes et Légendes de Brocéliande*, Terre de Brume, 2000.
• SHAKESPEARE, William, *Le Songe d'une nuit d'été*, Le Livre de Poche, 1983.
• DAHL, Roald, *Sacrées Sorcières*, Gallimard, collection 1000 Soleils, 1984.
• BAUM, L. Frank, *Le Magicien d'Oz*, J'ai Lu, 1993.
• TRAVERS, P.L., *Mary Poppins*, Hachette, collection jeunesse, 1980.
• ROWLING, J.K., *Les Animaux fantastiques*, Gallimard Jeunesse, 2001.
• BARKS, Carl, *Les Trésors de Picsou*, Disney Hachette Presse, 2006 à 2014.
• STINE, R.L., Série « Chair de Poule », Bayard Poche, collection Passion de Lire, 1998 à 2001.
• CLARKE, GILSON, François, Série « Mélusine », Dupuis, 1995 à 2016.
• GOSCINNY, René, UDERZO, Albert, FERRI, Jean-Yves, Série « Astérix », Dargaud, Albert & René, Hachette, 1959 à 2016.
• PEYO, Série « Les Schtroumpfs », Dupuis puis Le Lombard, 1963 à 2016.
• BRAND, Christianna, *Nurse Matilda*, Knight, 1975.
• TEZUKA, Osamu, *Le Roi Léo*, Glénat Manga, 1996.

LA TERRE DU MILIEU

• TOLKIEN, J.R.R., *Bilbo le Hobbit*, Le Livre de Poche, 1980.
• TOLKIEN, J.R.R., *Le Seigneur des Anneaux*, tome 1 : « La Communauté de l'Anneau », Presse Pocket, 1986.
• TOLKIEN, J.R.R., *Le Seigneur des Anneaux*, tome 2 : « Les Deux Tours », Presse Pocket, 1991.
• TOLKIEN, J.R.R., *Le Seigneur des Anneaux*, tome 3 : « Le Retour du Roi », Presse Pocket, 1991.

TRILOGIE DE BARTIMÉUS

• STROUD, Jonathan, Tome 1 : *L'Amulette de Samarcande*, Livre de Poche Jeunesse, 2010.
• STROUD, Jonathan, Tome 2 : *L'Oeil du Golem*, Livre de Poche Jeunesse, 2008.
• STROUD, Jonathan, Tome 3 : *La Porte de Ptolémée*, Livre de Poche Jeunesse, 2011.
• STROUD, Jonathan, Préquel à la trilogie : *L'Anneau de Salomon*, Livre de Poche Jeunesse, 2013.

SÉRIE « PARIS DES MERVEILLES »

- PEVEL, Pierre, *Les Enchantements d'Ambremer*, Bragelonne, 2015.
- PEVEL, Pierre, *L'Élixir d'Oubli*, Bragelonne, 2015.
- PEVEL, Pierre, *Le Royaume Immobile*, Bragelonne, 2015.

SÉRIE HARRY POTTER

- ROWLING, J.K., *Harry Potter à l'école des sorciers*, Gallimard, 1999.
- ROWLING, J.K., *Harry Potter et la Chambre des Secrets*, Gallimard, 1999.
- ROWLING, J.K., *Harry Potter et le prisonnier d'Azkaban*, Gallimard, 1999.
- ROWLING, J.K., *Harry Potter et la coupe de feu*, Gallimard, 2000.
- ROWLING, J.K., *Harry Potter et l'Ordre du Phoenix*, Gallimard, 2003.
- ROWLING, J.K., *Harry Potter et le prince de Sang-Mêlé*, Gallimard, 2005.
- ROWLING, J.K., *Harry Potter et les reliques de la mort*, Gallimard, 2007.

SÉRIE LES CHRONIQUES DE NARNIA

- LEWIS, C.S., *Le Neveu du magicien*, coll. Folio Junior, Gallimard Jeunesse, 2001.
- LEWIS, C.S., *L'Armoire magique*, coll. Bibliothèque du Chat Perché, Flammarion, 1980.
- LEWIS, C.S., *Le Prince Caspian*, coll.Castor Poche, Flammarion, 1993.
- LEWIS, C.S., *Le Cheval et son écuyer*, coll. Folio Junior, Gallimard Jeunesse, 2001.
- LEWIS, C.S., *Le Voyage des Passeurs d'Aurore*, coll. Bibliothèque du Chat Perché, Flammarion, 1983.
- LEWIS, C.S., *Le Fauteuil d'argent*, coll. Bibliothèque du Chat Perché, Flammarion, 1984.
- LEWIS, C.S., *La Dernière bataille*, coll. Folio Junior, Gallimard Jeunesse, 2002.

SORCIERS SUR ÉCRANS PETITS ET GRANDS

- *Merlin l'Enchanteur*, Wolfgang Reitherman, Disney Studios, 1964.
- *Willow*, Ron Howard; Imagine Entertainment, Lucasfilm, Metro-Goldym-Mayer 1984.
- *Le Roi Lion*, Rob Minkoff, Roger Allers, Disney Studios, 1994.
- *Nanny McPhee*, Kirk Jones, Universal Pictures, 2006.
- *Chair de Poule*, Rob Letterman, Columbia Pictures, 2016.
- *Doctor Strange*, Scott Derrickson, Marvel Studios, 2016.
- *Les Animaux fantastiques*, David Yates, Warner Bros, 2016.
- *Warcraft*, Duncan Jones, Legendary Pictures, Universal Pictures, 2016.
- *Ma Sorcière Bien-Aimée*, Wiliam Asher pour ABC, 1964 à 1972.
- *Ulysse 31*, Jean Chalopin, Nina Wolmark; DIC, Tokyo Movie Shinsha, 1981 à 1982.
- *Kaamelott*, Alexandre Astier, François Guérin, Calt, 2004 à 2009.

JEUX DE SORCIERS

- *Mondes de Donjons & Dragons*, Tactical Studies Rules et Wizards of the Coast, 1974 à 2016.
- *Univers The Legend of Zelda*, Nintendo, 1986 à 2016.
- *Monde de World of Warcraft*, Blizzard Entertainment, 1994 à 2016.
- *Mondes de Baldur's Gate*, Tales of the Sword Coast, Icewind DaleBioWare et Black Isle Studios, 1998 à 2012.

Alexia remercie les personnes qui lui ont permis
de réaliser les mises en scène des images :
• la sorcière Marion Dupuis pour son aide précieuse
et ses talents manuels schtroumphesques. Mille mercis !
• Romain le jeune padawan.

Elle remercie également pour le prêt des objets
plus loufoques les uns que les autres :
• Julien et Eugénie les sorciers des bois ;
• La galerie Teo Leo (www.teoleo-galerie.com) ;

Et enfin merci à Marjorie, Corinne et Didier pour leur confiance.

Directeur éditorial : Didier Férat

Directrice éditoriale adjointe : Corinne Cesano

Édition : Marjorie Goussu

Relecture : Sylvie Gauthier

Correction : Isabelle Raimond

Création graphique, illustrations & mise en page :

MOSHI MOSHI Studio (Amélie du Petit Thouars et Éloïse de Guglielmo)

Fabrication : Laurence Duboscq

 Solar | un département d'edi8

ISBN : 978-2-263-14562-9

Code éditeur : S14562/07

Dépôt légal : octobre 2016

Imprimé en Chine par Leo Paper.